LA
CULTURE MORALE
AUX DIVERS DEGRÉS DE
L'ENSEIGNEMENT PUBLIC

OUVRAGES DU MÊME AUTEUR

Les Classes sociales (*Récompensé par l'Institut*). — 1 vol. in-8°, Giard et Brière.

La Logique dans l'Histoire. — Brochure in-8°, Giard et Brière.

Essai sur les Révolutions (*Récompensé par l'Institut International de Sociologie*). — 1 vol. in-8°. Giard et Brière.

La Conscience collective et la Morale. (*Couronné par l'Institut*). — 1 vol. in-16. Félix Alcan. (*Bibliothèque de philosophie contemporaine*).

BIBLIOTHÈQUE SOCIOLOGIQUE INTERNATIONALE

Publiée sous la direction de M. RENÉ WORMS

Secrétaire-Général de l'Institut International de Sociologie

L

LA
CULTURE MORALE

AUX DIVERS DEGRÉS DE

L'ENSEIGNEMENT PUBLIC

PAR

ARTHUR BAUER

PROFESSEUR HONORAIRE DE PHILOSOPHIE

MEMBRE DE LA SOCIÉTÉ DE SOCIOLOGIE DE PARIS

Ouvrage couronné par l'Institut

avec extraits du rapport de M. Gabriel Compayré

> Le Bien ne peut être réalisé que
> par le Vrai, mais le Vrai n'a de
> prix que pour la réalisation du
> Bien.
>
> LÉON BOURGEOIS.

PARIS (5e)

M. GIARD & É. BRIÈRE

LIBRAIRES-ÉDITEURS

16, RUE SOUFFLOT ET 12, RUE TOULLIER

1913

BIBLIOTHÈQUE SOCIOLOGIQUE INTERNATIONALE

PUBLIÉE SOUS LA DIRECTION DE M. RENÉ WORMS
Secrétaire-Général de l'Institut International de Sociologie

SÉRIE in-8o, brochés (1)

RENÉ WORMS : *Organisme et Société* . . . . 6 fr.
PAUL DE LILIENFELD : *La Pathologie Sociale*. . . . . 6 fr.
FRANCESCO S. NITTI : *La Population et le Système social* . . . 5 fr.
ADOLFO POSADA : *Origines de la Famille, de la Société et de l'État*. . . . . 4 fr.
SIGISMOND BALICKI : *L'État comme organisation de la Société* . 4 fr.
JACQUES NOVICOW : *Conscience et Volonté Sociales* . . . . . . 6 fr.
FRANKLIN H. GIDDINGS : *Principes de Sociologie* . . . . . . 6 fr.
ACHILLE LORIA : *Problèmes Sociaux Contemporains* . . . . . 4 fr.
MAURICE VIGNES : *La Science Sociale d'après Le Play*, 2 vol.. 16 fr.
M. A. VACCARO : *Les Bases sociologiques du Droit et de l'État*. . 8 fr.
LOUIS GUMPLOWICZ : *Sociologie et Politique* . . . . 6 fr.
SCIPIO SIGHELE : *Psychologie des Sectes* . . . . 5 fr.
G. TARDE : *Études de Psychologie Sociale* . . . . 7 fr.
MAXIME KOVALEWSKY : *Le régime économique de la Russie* . . 7 fr.
C. N. STARCKE : *La Famille dans les diverses sociétés* . . . . 5 fr.
R. DE LA GRASSERIE : *Des Religions comparées au point de vue sociologique* . . . . 7 fr.
MARK BALDWIN : *Interprétation sociale et morale des principes du développement mental* . . . . 10 fr.
G. L. DUPRAT : *Science Sociale et Démocratie* . . . . 6 fr.
H. LAPLAIGNE : *La Morale d'un Égoïste; essai de morale sociale* . 5 fr.
JACQUES LOURBET : *Le Problème des Sexes*. . . . . 5 fr.
E. BOMBARD : *La Marche de l'Humanité et les Grands Hommes* 6 fr.
R. DE LA GRASSERIE : *Les Principes Sociologiques de la Criminologie* . . . . 8 fr.
ABEL POUZOL : *La Recherche de la Paternité* . . . . 10 fr.
ARTHUR BAUER : *Les Classes Sociales*. . . . . 7 fr.
CH. LETOURNEAU : *La Condition de la Femme dans les diverses races et civilisations* . . . . 9 fr.
RENÉ WORMS : *Philosophie des sciences sociales : I, objet; II, méthode; III, conclusions des sciences sociales*, 3 volumes. . . . 12 fr.
EUGENIO RIGNANO : *Un Socialisme en harmonie avec la doctrine économique libérale* . . . . 7 fr.
ALFREDO NICEFORO : *Les Classes Pauvres* . . . . 8 fr.
LESTER F. WARD : *Sociologie pure*, 2 volumes. . . . . 16 fr.
R. DE LA GRASSERIE : *Les Principes sociologiques du Droit civil* 10 fr.
EDWARD CAIRD : *Philosophie sociale et religion d'Auguste Comte*. 4 fr.
ARTHUR BAUER : *Essai sur les Révolutions* . . . . 6 fr.
SCIPIO SIGHELE : *Littérature et Criminalité* . . . . 4 fr.
PAUL LACOMBE : *Taine, historien et sociologue* . . . . 5 fr.
MAXIME KOVALEWSKY : *La France économique et sociale à la veille de la Révolution*, 2 volumes . . . . 15 fr.
LUDWIG STEIN : *Le Sens de l'Existence* . . . . 12 fr.
R. MAUNIER : *L'Origine et la Fonction des Villes*. . . . . . . 6 fr.
A. BOCHARD : *L'Évolution de la Fortune de l'État* . . . . . . 6 fr.
SCIPIO SIGHELE : *Le Crime à deux*. . . . . 4 fr.
M. H. CORNEJO : *Sociologie générale*, 2 volumes . . . . . . 20 fr.
R. DE LA GRASSERIE : *Les Principes sociologiques du Droit public* 8 fr.
AUGUSTE COMTE : *Système de Politique positive, condensé* . . 12 fr.
RENÉ WORMS : *La Sexualité dans les Naissances françaises* . . 5 fr.

SÉRIE in-18, brochés

RENÉ WORMS : *Les Principes biologiques de l'Évolution sociale* . 2 fr.
MARK BALDWIN : *Psychologie et Sociologie. (L'Individu et la Société)* . . . . 2 fr.
W. OSTWALD : *Les Fondements énergétiques de la Science de la civilisation* . . . . 2 fr.
R. MAUNIER : *L'Économie politique et la Sociologie* 2 50
J. NOVICOW : *Mécanisme et limites de l'Association humaine* . . 2 fr.
L. ARRÉAT : *Génie individuel et Contrainte sociale* . . . . . . 2 fr.
RAOUL DE LA GRASSERIE : *De la Cosmosociologie* 2 50

(1) Les volumes de cette série peuvent aussi être achetés avec une reliure spéciale.

BIBLIOTHÈQUE SOCIOLOGIQUE INTERNATIONALE
Publiée sous la direction de M. RENÉ WORMS
Secrétaire-Général de l'Institut International de Sociologie

L

LA
CULTURE MORALE

AUX DIVERS DEGRÉS DE
L'ENSEIGNEMENT PUBLIC

PAR

ARTHUR BAUER

PROFESSEUR HONORAIRE DE PHILOSOPHIE
MEMBRE DE LA SOCIÉTÉ DE SOCIOLOGIE DE PARIS

Ouvrage couronné par l'Institut
avec extraits du rapport de M. Gabriel Compayré

Le Bien ne peut être réalisé que
par le Vrai, mais le Vrai n'a de
prix que pour la réalisation du
Bien.

LÉON BOURGEOIS.

PARIS (5ᵉ)

M. GIARD & É. BRIÈRE
LIBRAIRES-ÉDITEURS
16, RUE SOUFFLOT ET 12, RUE TOULLIER

1913

AVANT-PROPOS

—

Dans les temps légendaires de l'Hellade, un sphinx, dit-on, s'était posté sur la route de Thèbes. Il arrêtait les passants, leur posait des questions obscures et dévorait ceux qui étaient incapables d'y répondre avec justesse.

Cette légende, comme il arrive pour beaucoup d'autres mythes helléniques, cache sous la forme allégorique un sens profond. Le sphinx, c'est la personnification de toutes les forces hostiles qui menacent les individus et les cités. Si l'on manque d'ingéniosité et de prudence, le monstre vous dévore. Si, au contraire, on devine le secret de sa puissance, la bête meurt ou se soumet.

A titre de symbole, le faiseur d'énigmes est immortel. Il se cache à tous les carrefours de la vie, arrête les passants et continue à leur poser des problèmes toujours nouveaux et toujours obscurs. Il leur dit : « Trouve ou tu mourras », sans qu'il y ait moyen pour personne d'éviter l'alternative en se réfugiant dans une abstention que la vie ne comporte pas.

Le questionneur indiscret et brutal demande en ce moment à la France de résoudre le redoutable problème de l'éducation morale dans l'Université. L'Académie des sciences morales et politiques, qui s'est faite sur ce point son interprète, a formulé la question en ces termes : « Quelle place doit appartenir à la Morale aux divers degrés de l'Enseignement public ? » Elle n'a pas ajouté « si l'on veut que la démocratie française, avec ses principes de raison et de liberté, ne meure point ». Mais la menace doit se sous-entendre, et il n'y a pas lieu d'enlever à l'énigme rien de son caractère tragique.

L'ouvrage qu'on offre aujourd'hui au public est la seconde partie du Mémoire qui visait à trouver le mot de l'énigme et que l'Institut a couronné.

Voici quelques extraits de l'appréciation qu'en donne M. Compayré, l'éminent rapporteur du concours académique :

« Il (l'Auteur) trace avec finesse le portrait des en-
« fants gâtés, des petits despotes que des familles trop
« complaisantes élèvent dans du coton et dont, selon
« son expression, elles « ouatent l'existence ». Aussi
« à la molle et capricieuse éducation du foyer domes-
« tique n'hésite-t-il pas à préférer l'éducation régu-
« lière, ferme avec douceur, de l'école publique... Les
« premières leçons données par les institutrices des
« Écoles maternelles lui paraissent de la plus haute
« importance et il rédige à leur usage de petits modèles
« d'entretiens familiers qui s'adressent au cœur autant
« qu'à l'intelligence des enfants. Car, dit-il, « il faut

« savoir saisir l'être tout entier, sens, esprit, cœur et
« volonté. »

« De l'Ecole maternelle l'Auteur passe à l'Ecole pri-
« maire... Il ne parle pas sans poésie des avantages
« de la vie des champs. « Restez au village, dit-il aux
« institutrices, auprès des paysannes qui sont les vraies
« conservatrices de la race ». Et il leur adresse de
« sages conseils pour former non des savantes, des
« femmes « éthérées », mais de bonnes et vaillantes
« ménagères.

« Le Mémoire ne nous satisfait pas moins en ce qui
« concerne l'enseignement des lycées et des collèges.
« L'Auteur sait que l'Enseignement secondaire est
« indispensable pour former une élite dans une so-
« ciété démocratique, où l'égalité des droits ne doit
« pas être confondue avec le nivellement des es-
« prits.

... « Le Mémoire s'achève par un long et beau cha-
« pitre sur l'Enseignement supérieur, où l'on demande
« qu'il soit établi dans chaque université un cours
« commun de Morale sociale dont on a soin de rédiger
« le plan et qu'on y joigne, pour chaque catégorie
« d'étudiants, des cours spéciaux de morale profes-
« sionnelle, particulièrement pour ceux qui se desti-
« nent à la profession d'éducateur. »

L'Académie a rempli son rôle de corps savant, en
appelant l'attention des moralistes sur un point essentiel de la vie nationale. L'Auteur a tenté d'être fidèle
au sien, en apportant à l'étude de cette question sa
longue expérience pédagogique et une méditation ap-

profondie du sujet. Il reste au public, au personnnel universitaire et à l'État à faire le reste.

Tous trois ont des raisons trop puissantes de s'intéresser à ces questions d'éducation et de moralité pour faillir à leur tâche. L'auteur espère que les lecteurs voudront bien, en particulier, examiner avec une attention sympathique le projet de réforme esquissé dans les derniers chapitres : un projet d'une réalisation facile et dont l'exécution servirait à accroître l'autorité et la puissance éducatrices de l'Université, sans rien ajouter aux charges financières de l'État.

ARTHUR BAUER.

Paris 30 janvier 1913.

PREMIÈRE SECTION

La morale dans l'enseignement primaire.

INTRODUCTION

—

Il ne s'agit pas de construire un système d'éducation morale qui ait la prétention de s'appliquer à toutes les sociétés, et qui, en réalité, risque de ne convenir à aucune. Ici l'ambition est plus restreinte, mais plus haute. Le but qu'on se propose et qui restera toujours présent à notre esprit, c'est de tellement approprier cette étude à la France actuelle que quelques-unes de nos indications puissent aussitôt passer dans la pratique de notre Enseignement public.

Pour avoir des chances d'être utile, il faut avoir la modestie de ne pas croire que, par une de ces visions de génie coutumières aux prophètes d'un jour, on a aperçu ce qui avait échappé jusqu'alors aux regards attentifs et aux recherches laborieuses des observateurs les plus pénétrants. Loin d'avoir cette sotte prétention, nous pensons qu'il n'y a guère de nouveauté morale acceptable qui soit vraiment étrangère à la conscience collective, expression de la sagesse de tous les temps (1). Nous pensons aussi que, si les méthodes suivies dans l'Enseignement public ne sont point parfaites, elles renferment d'excellentes choses, et que, pour les parties qui sont à réformer, corriger ou perfectionner, il faut suivre une marche très prudente. Les sautes brusques sont encore plus dangereuses en éducation qu'ailleurs. N'oublions pas, en effet, que la puissance éducatrice de l'Etat doit s'exercer par des vivants sur des vivants, et que, dans le domaine de la vie, les changements utiles ne peuvent être produits que lentement et progressivement. Donc, pas de révolution ambitieuse, mais évolution d'un organisme qui a déjà donné des preuves de vitalité ; évolution réglée par une idée directrice qui confère à cet organisme toute sa puissance et toute sa valeur.

Or, quel est le but qui doit orienter dans le sens voulu l'activité de l'Enseignement public ? Ce but est déterminé : 1° Par la nature de toute démocratie et par les traits caractéristiques de la nôtre ; 2° par les droits qu'elle confère aux individus, mais aussi par les obligations qu'elle leur impose.

Le propre d'une démocratie, c'est de tendre à l'égalité et de développer la liberté. En France, en particulier, ces deux tendances sont nettement marquées, et, depuis la Constitution de 1875, elles ont suivi une marche rapidement ascendante. Il n'y a pas lieu de les contrarier, tant que, dans leurs développements, elles ne s'écartent pas de la justice et ne sont pas en opposition avec les grands intérêts sociaux. Ainsi, tout le monde aurait à se réjouir des progrès de l'égalité,

(1) *Voir : La Conscience collective et la Morale.*

si cette égalité naissait d'une ascension progressive
des classes inférieures qui gagneraient en prospérité
matérielle et en grandeur morale. Mais il ne faut pas
que les distances se rapprochent par l'abaissement des
supériorités et par la suppression de toute élite. L'égalité n'est pas le nivelage. L'état social à la réalisation
duquel on aurait l'ambition de contribuer, n'est pas le
règne de la platitude et de l'universelle médiocrité.
Ce n'était pas la pensée des Constituants qui, dans
l'article premier de la Déclaration des droits de
l'homme, réservaient nettement, à côté de l'égalité
native de tous les Français, les distinctions dues à la
vertu, et au mérite personnel. Ce ne peut être non
plus la pensée des hommes d'État éclairés, qui savent
qu'une société ne peut vivre et prospérer sans une diversité et une hiérarchie de fonctions, où les degrés
supérieurs sont occupés par une élite. Or, pour constituer cette élite, il faut des qualités intellectuelles et
morales qui ne sont pas, et qui ne peuvent pas être le
lot de tous. Loin donc de vouloir amortir l'élan de ces
hommes que leurs aptitudes portent aux grandes
choses, les éducateurs conscients de leur rôle social,
s'efforceront de distinguer et de développer, chez les
enfants et les jeunes gens, le germe de ces qualités
éminentes. Ce sera la meilleure façon d'assurer la réalisation des différentes formes du progrès, et de contribuer ainsi à l'élévation de tous.

Cependant, il y aura, à ce sujet, deux écueils à éviter : la jalousie et le dénigrement chez les uns, et, chez
les autres, l'orgueil et le mépris. Une éducation bien
dirigée servira à éviter ces deux pierres d'achoppement, dont la première est particulièrement fréquente

sous les régimes démocratiques. Elle apprendra aux humbles qu'ils se grandissent en sympathisant avec les hommes qui sont l'honneur de l'humanité, parce qu'ils s'efforcent de réaliser l'idéal des meilleurs. Elle leur apprendra aussi qu'ils ne font que payer une dette de justice, en accordant leurs louanges et leur admiration au mérite supérieur, qui n'est pas le seul produit de chances heureuses, mais le résultat ordinaire de longs et patients efforts. Elle apprendra, d'autre part, aux grands par la pensée, que les loisirs intellectuels, nécessaires à la lente élaboration de leurs découvertes, sont dus aux fatigues d'une foule de travailleurs, livrés aux besognes les plus dangereuses et les plus rebutantes. Elle apprendra enfin aux hommes supérieurs dans l'action, que toutes leurs qualités resteraient sans emploi, s'ils ne trouvaient d'obscurs et dévoués collaborateurs pour réaliser leurs idées.

Des réflexions analogues s'imposent au sujet de la liberté. Dans notre Démocratie, l'homme n'a plus, comme autrefois, à suivre une direction toute faite. Affranchi de toute tutelle, il est devenu maître de lui-même, maître de ses destinées. Éminent privilège, mais aussi grand danger. S'il est aveugle, s'il se laisse emporter par les passions, les désirs insatiables, les fantaisies extravagantes, s'il est un esclave dépourvu de toute énergie, on a beau lui avoir accordé une pleine liberté. Cette liberté tourne contre lui et contre la société. Il a tous les droits, et, entre ses mains imprudentes, ces droits sont des armes funestes, avec lesquelles il se blesse et blesse les autres.

Ainsi, la censure littéraire n'existe plus. Toutes les œuvres de l'esprit peuvent se produire sans entrave.

Que lit cet homme affranchi, mais qui ne mérite pas son affranchissement? des ouvrages sérieux qui l'instruiraient et formeraient sa volonté au bien? Non. Il faudrait pour cela un peu de peine, et cet effort intellectuel, il ne veut pas le fournir. Il aime mieux courir à ces publications malsaines qui s'adressent aux plus bas instincts de la nature humaine, qui distillent la corruption, l'envie, la suspicion, le dénigrement injuste, la calomnie, et qui versent tous ces poisons dans son esprit, incapable d'en atténuer la virulence. En outre, tels lecteurs, tels écrivains. A leur tour, les auteurs qui font de la littérature un métier et qui ne voient dans un livre que les bénéfices à en retirer, flattent les goûts du public. Ils s'ingénient, eux et leurs éditeurs, à racoler le plus grand nombre d'acheteurs par leurs titres amorçants, par des images qui parlent directement aux sens et ne laissent pas à l'esprit la moindre peine pour comprendre l'obscénité ou l'injure.

La loi a proclamé, d'autre part, la liberté des réunions publiques. Mais à quoi sert-il aux citoyens de se rassembler dans « un local clos et couvert » où ils auraient toute facilité d'entendre des conseils salutaires, si la discussion se fait sans ordre, sans méthode ; si le silence, nécessaire aussi bien à l'orateur qu'aux auditeurs, n'existe pas, mais que des perturbateurs puissent impunément pousser des cris, proférer des injures, lancer des menaces, et passer à l'occasion des menaces aux voies de fait? Que la tyrannie vienne d'en haut ou d'en bas, qu'importe! si cette tyrannie est réelle, si elle empêche la libre expansion des intelligences, les aspirations sincères et efficaces vers le mieux social.

Voyons encore le domaine économique. La liberté du travail est inscrite dans nos codes. Mais elle l'est en vain, si la liberté de l'ouvrier devient le pouvoir d'employer la violence, de contraindre les volontés opposées, de détruire les propriétés, en un mot, si la grève n'est pas décidée par une adhésion volontaire des chômeurs, si elle se développe par la menace et se déroule en une succession de violences.

Voilà les maux qui menacent nos institutions libérales. Comment les conjurer ?

Il ne s'agit pas de retomber dans les errements du passé, et, par un jeu de bascule trop fréquent, faire remonter trop brusquement le plateau de l'autoritarisme. Le remède est plutôt de donner au régime libéral toute sa valeur, en accroissant, dans la plus haute mesure, le mérite de ceux auxquels il s'applique. C'est dans une démocratie que l'individu a le plus de puissance. Par suite, c'est dans une démocratie qu'il doit être le plus éclairé, le plus désireux de bien faire, le plus énergique pour tendre, d'un effort soutenu, vers le but que la raison, appuyée de l'expérience, lui a montré. En un mot, pour être digne d'un gouvernement où le peuple est souverain, il faut que l'homme soit un être moral, capable de suivre sans défaillance la règle de la conscience, puisque la contrainte extérieure s'est relâchée, ou même, sur beaucoup de points, est abolie. *Le sentiment du devoir, la bienfaisance du devoir*, voilà le but que l'éducateur ne doit jamais perdre de vue ; voilà l'idée essentielle qui doit circuler, comme une sève vivifiante, à travers toutes les branches de l'enseignement public.

D'ailleurs l'obéissance, qu'on recommande ici n'est

pas l'obéissance, blessante pour la dignité humaine, de l'esclave soumis à la volonté capricieuse et arbitraire d'un maitre. C'est l'obéissance à une règle impersonnelle, règle qui n'est pas imposée par la force, mais qui cependant doit être acceptée par une raison clairvoyante et suivie par une volonté libre.

Une règle ne sera donc prescrite que si elle est justifiable aux yeux d'une conscience éclairée. Mais cela ne veut point dire que, dans les applications pratiques, elle ait toujours besoin d'être justifiée. Loin de là. Ce serait une grave imprudence d'exercer trop tôt la faculté « ratiocinante » et d'aiguiser chez l'enfant les dents de la critique. Les essais de démonstration risqueraient de jeter le désordre dans des esprits mal préparés encore à suivre une longue argumentation. L'examen critique de systèmes contraires ne ferait qu'accroître la confusion. Il inclinerait vers le scepticisme les intelligences junéviles, avides,.il est vrai de savoir, mais incapables, par elles-mêmes, de faire un choix, en s'attachant à une doctrine à l'exclusion des autres qui se recommandent aussi d'autorités respectables et de raisons non dénuées de valeur. C'est ce que dit en excellents termes M. Gérard-Varet : « Les enfants se nourrissent d'un petit nombre de sentiments très simples et d'idées familières ; tout ce qui est critique les égare, tout ce qui est casuistique les pervertit... L'enfant n'a rien à voir aux jeux de la dialectique ». (L'antipatriotisme *Rev. pédag.*, 15 juin 1909).

Les premières vertus à prescrire dans une société démocratique sont donc les vertus négatives, celles qui consistent à réprimer les excès ou les abus du droit ; celles qui mettent en jeu les puissances inhibitrices dont dispose une volonté fortement attachée à l'idée du devoir. Cependant, si précieuses que soient les vertus d'abstention, comme garants de l'ordre social, elles ne sont pas les seules à encourager. Pour qu'une société ne s'immobilise pas dans la médiocrité, il faut développer en elle les vertus actives, celles qui stimulent les activités et les portent à agrandir sans cesse la sphère du bien.

En résumé : 1° *fermeté dans l'obéissance à une règle*, 2° *énergie de l'activité morale*, tels sont les deux buts qu'on doit avoir toujours présents à l'esprit dans l'Education.

Par quels moyens arriver à ce résultat? Ce n'est pas en voulant, par une refonte générale, bouleverser l'Enseignement public, mais en utilisant le mieux possible les excellents éléments dont dispose cet Enseignement sous ses trois formes, primaire, secondaire et supérieur.

CHAPITRE PREMIER

Quelle est la matière sur laquelle maîtres et maîtresses auront à exercer leur activité? Quelle est la nature de l'enfant, au moment où il va franchir le seuil de l'école?

Pour le savoir, il serait peu sage d'interroger la mère. Sous toutes ses formes, l'amour est aveugle. Mais, plus que toutes les autres sortes peut-être, l'amour maternel est ingénieux à se duper et à transformer les défauts en qualités. Une mère, quand elle parle de ses enfants, ressemble toujours à la chouette faisant la description de ses petits. Par modestie forcée, elle avoue bien quelques imperfections. Mais le mot sévère que lui impose le respect humain, elle le dément par un sourire satisfait et par un regard pétillant de joie admirative. C'est un « diable », dit-elle en le présentant. Mais gardez-vous de prendre ce mot à la lettre. C'est par antiphrase que la mère parle ainsi. Cela veut dire qu'il est vif, adroit, intelligent... un résumé de toutes les perfections.

La réalité est tout autre. Le petit bambin est souvent étourdi, capricieux, volontaire, irritable, despote, insupportable, et à un tel degré que la mère a dû « se débarrasser » d'une perfection, décidément pourvue de trop d'épines. Un pareil produit, si fréquent à notre époque et surtout en France où fleurissent toutes les variétés de l'indulgence, est la conséquence du naturel de l'enfant et de l'éducation reçue dans la famille.

L'enfant se fait naturellement le centre de tout. Guidé par un instinct impérieux, il aspire de toutes ses forces à la vie et attire à lui, par un égoïsme aussi inconscient qu'absolu, tout ce qui peut servir à son bien-être. Il se repose, comme un Dieu, dans sa sérénité, quand tous ses besoins ont été promptement satisfaits. Mais il ne supporte pas le moindre retard. Dès que le mal a fait sentir un peu sa pointe, l'enfant l'annonce par ses cris, et ses cris deviennent de plus en plus perçants, si la mère, malgré son empressement et son bon vouloir, ne parvient pas à chasser la souffrance. La mère se désole, s'épuise en consolations, multiplie les caresses et attend avec anxiété le sourire qui la paiera de toutes ses peines. Qu'importe à l'enfant toutes ces angoisses maternelles ! Il les ignore. Incapable de toute sympathie, il ne songe qu'à lui. Lui ! toujours lui ! Voilà ce que disent ses pleurs intarissables, son visage crispé, ses petits poings serrés, ses cris et ses hurlements de colère.

Le mal ne réside pas dans ces manifestations de la colère, si violentes et si pénibles qu'elles soient. Car elles sont nécessaires. Par elles, seul langage dont il dispose, il traduit ses émotions et appelle les secours indispensables au soutien d'une vie encore si frêle. Mais le mal naît le jour où il prend conscience de sa puissance, et en éprouve de plus en plus nettement les merveilleux effets ; quand ses cris deviennent une sorte d'incantation magique d'une efficacité plus certaine que les formules les plus abracadabrantes des nécromants. Cela arrive lorsque la mère a la faiblesse de se prêter trop docilement à ses caprices. Alors le petit despote ne se fait pas faute d'user, en toute occasion, de la toute puissance de son verbe. Il crie le jour, et la mère, aidée souvent par le père qui se hausse au rôle de polichinelle ou de clown, s'ingénie pour trouver les gâteries capables d'effacer le plissement impérieux du front de cet olympien au berceau. Irrité de s'éveiller dans les ténèbres, il crie la nuit, et son cri, aussi souverain que le *fiat lux* de Jéhovah, fait naître la lumière et, par une suggestion irrésistible, il attire à son chevet son esclave familière. Pour prix de sa maussaderie, il reçoit les caresses de sa mère, qui, levée dans un brusque sursaut, le berce déjà dans ses bras, le couvre de baisers et lui murmure à l'oreille les mélodies les plus calmantes.

Le propre du pouvoir absolu est de vouloir sans cesse dépasser ses propres limites. Le jeune tyran n'échappe pas à cette loi. Il a été obéi, tant que ses demandes étaient à peu près réalisables. Mais cela ne suffit bientôt plus à sa « volonté de puissance ». Blasé sur les choses délicieuses qu'on lui accorde avec la régularité d'un tribut, il désire ce qu'il n'a pas et il exige bientôt la réalisation de l'impossible. La mère a souvent déjoué ses demandes par d'habiles diversions, par des ruses, par des promesses, par des mensonges, par toutes sortes de moyens qui lui donnent quelque répit. Mais la catastrophe, longtemps ajournée, arrive. Un jour, le petit bonhomme « demande la lune ». La mère a beau recourir à des procédés souvent victorieux, le jeune sceptique ne veut plus être dupe. A toutes les raisons qu'on lui donne, il répond par une tempête de cris et par des trépignements de colère. Quand la scène a le malheur de se passer devant des témoins qui dissimulent mal leurs sourires ironiques, la mère, à la révélation publique de son œuvre éducatrice, est profondément humiliée et irritée. Suivant l'allure habituelle des grandes passions, elle tombe d'un excès dans l'autre. Patiente et indulgente outre mesure, elle montre alors une sévérité qui scandalise la victime et lui donne la première idée des grandes injustices. Le charme est rompu. C'est après quelques scènes de ce genre, auxquelles collabore le père sur un mode encore plus tragique, que l'enfant est jugé insupportable et que son envoi à l'école est décidé.

Or, qu'il s'agisse d'une école maternelle ou d'une école enfantine, quelle est l'impression à faire pénétrer tout d'abord dans l'esprit de cet enfant gâté? C'est qu'il entre dans un milieu nouveau, où son pouvoir tyrannique cesse. Tout à l'heure, il était le centre autour duquel gravitaient des activités empressées. Il faut qu'il apprenne au plus tôt qu'à l'école les rôles sont renversés. Sa baguette de magicien a passé entre les mains de la maîtresse. C'est elle désormais qui réglera ses mouvements, qui lui imposera une place, qui l'obligera tantôt à garder l'immobilité et le silence, tantôt à marcher en ordre, à tracer soigneusement des caractères sur une ardoise, à articuler nettement les lettres de l'alphabet, à compter sans erreur de petits morceaux de bois. S'il est bien sage, bien attentif, il recevra pour prix de ses efforts un sourire et un mot d'encouragement, mais pas de ces effusions enthousiastes qui accueillaient ses moindres gestes. Ses caprices ne passeront plus pour des traits d'esprit, mais ils lui attireront un regard sévère. S'il ne comprend pas cette muette réprimande, la voix de la maîtresse se fera grondeuse, grondeuse sans éclat, mais d'autant plus impressionnante. « Toto, vous troublez l'ordre. C'est mal ! » A ces mots tous les visages se sont tournés vers lui avec des regards chargés de justice malicieuse, et il a rougi à ce premier choc de la conscience publique, expression du droit des autres.

Les autres ! le droit, la puissance des autres, leur surveillance et leur contrôle toujours en éveil, leurs plaintes et leurs récriminations plus ou moins fondées, leur résistance toujours prête, leurs protestations et leurs attaques si promptes, toutes ces choses peuvent être excellentes pour refouler l'égoïsme et pour apprendre à l'enfant que la vie est une lutte inévitable. Elles peuvent l'être à une condition cependant. C'est que ces forces du dehors n'agissent pas avec toute l'impétuosité de l'instinct et l'effervescence déréglée du jeune âge. Jeter l'enfant, seul, dans le tourbillon des forces hostiles, comme le voudraient les partisans exclusifs de la méthode anglaise, serait une imprudence qui risquerait de le lancer contre un de ces deux écueils. S'il est par nature, timide et faible, il serait exposé à sentir davantage le poids de sa faiblesse et à tomber dans une irrémédiable pusillanimité ; s'il est fort et habitué au triomphe, à incliner vers la dureté et la violence. Il ne faut pas, d'autre part, ouater, pour ainsi dire, son existence, et vouloir lui éviter les moindres chocs. Pour que l'école soit vraiment un apprentissage de la vie, il est nécessaire qu'elle soit une image de la vie, mais une image réduite. Dans nos sociétés actuelles, le mal existe sous des formes multiples, et il éclate parfois en de violentes manifestations. A l'école, ce serait une utopie de vouloir l'éliminer entièrement. Et même, si la chose était possible, il faudrait se garder de le faire. Il en est ici, comme dans les maladies contagieuses. Les médecins se servent de virus atténués, qui donnent la maladie sous la forme bénigne, mais qui immunisent les individus ainsi traités et les préservent, à l'avenir et à jamais, de toute attaque du même genre. Des maîtres avisés peuvent s'inspirer de cette méthode et suivre des procédés analogues dans l'éducation morale. C'est à eux d'utiliser les « réactions naturelles » mais atténuées, et renfermées dans ces justes bornes où elles servent à éveiller la réflexion, à activer la prévoyance, et à ne pas lâcher la bride à tout désir.

Les réactions naturelles, auxquelles on fait allusion, sont celles qui ont, à chaque instant, l'occasion de se produire dans un groupe d'écoliers. Dans la maison, l'enfant, s'il venait à tomber, pleurait et criait, et aussitôt la mère arrivait porter secours au « pauvre chéri », qui aurait fort bien pu se relever tout seul. Dans la cour de l'école maternelle, les choses se passent tout autrement. Il tombe. S'il ne se relève pas assez promptement, il est entouré d'un cercle de petites figures rieuses qui s'amusent de sa maladresse ; il pleure, et les figures se font plus moqueuses ; il crie, le cercle augmente en même temps que l'intérêt ; le voilà qui trépigne, frappe du pied, et ce moyen, dont il a éprouvé tant de fois l'efficacité, reste sans effet. Comme Napoléon à Waterloo, il a fait donner la garde, mais en vain ! Indigné d'une telle indifférence, qui lui semble l'atteinte la plus injuste à ses droits nés de la longue accoutumance aux secours, aux consolations et aux cajoleries, il se précipite, rageur, sur un des coupables. La bataille s'ébauche, quelques coups sont échangés... C'est alors que la maîtresse, qui a suivi de l'œil, sans en avoir l'air, toute cette scène, intervient. D'un coup de sifflet, elle fait cesser la lutte, au moment où l'agresseur a reçu, sous la forme de légères égratignures et de cheveux tirés, cette excellente leçon, à savoir que les coups appellent les coups et que toute cette algarade lui aurait été évitée, si, au lieu de vouloir remuer le monde de ses cris, il avait, avant tout, songé à remuer ses jambes. Elle s'approche ensuite du groupe, et, pour clore l'incident, elle se contente de dire : « Allons ! que tout le monde s'amuse ! » Les enfants se dispersent et retournent à leurs jeux, pendant que Toto se tient à l'écart d'un air boudeur, mécontent des autres, mais peu satisfait de lui-même. C'est une autre réaction naturelle, très salutaire et qu'il faut laisser se produire en toute liberté. Le chagrin que cette bouderie solitaire entretient et nourrit, imprime dans la mémoire le souvenir de la faute. A l'occasion, l'image affective surgira dans l'esprit, et, faisant contrepoids aux anciennes tendances, empêchera le renouvellement d'un acte qui a eu de si fâcheuses conséquences.

Voilà, à notre avis, le type des leçons de morale le mieux appropriées à la première enfance. En effet, peu ou même pas de discours. Des enfants de trois et quatre ans ne les comprendraient pas. Des ordres brefs, une courte phrase, quelques mots qui reviennent toujours les mêmes, comme : « C'est mal ; il ne faut pas ; c'est défendu... » Cela suffit pour amortir l'élan du désir et l'empêcher de courir au résultat prochain sans apercevoir des conséquences plus éloignées et moins apparentes. Quand la défense a souvent retenti aux oreilles, les vibrations du mot ne disparaissent pas entièrement. Elles s'enregistrent dans le système nerveux et le mot retentit dans la conscience comme une sorte d'écho, lorsque reparaît dans l'esprit l'idée de l'action coupable qui a tant de fois provoqué ce mot.

A la longue, les mots peuvent être supprimés et remplacés par le bruit aigu du sifflet. Le sifflet dans les cours spacieuses, une petite sonnette dans les classes, voilà deux instruments symboliques d'une grande efficacité, quand on sait en faire un emploi judicieux. D'abord, comme ils dominent le tumulte, les menteurs les plus effrontés n'oseraient guère soutenir qu'ils ne l'ont pas entendu. Ensuite l'impression sensible est forte. Aussi, quand sa force n'a pas été émoussée par une répétition trop fréquente, elle pénètre vivement dans la conscience, interrompt le cours des idées et des émotions antérieures, provoque un mouvement d'arrêt favorable à la réflexion, c'est-à-dire, à l'idée de chose défendue, à la crainte d'une réprimande, au jeu de l'habitude, acquise et sans cesse fortifiée, de se conformer à la règle.

L'intervention de la maîtresse pourrait paraître lente et incomplète ; lente, parce qu'elle se produit seulement quand les hostilités sont engagées, incomplète, parce qu'elle n'est suivie ni d'une punition, ni même d'une réprimande. Elle se justifie cependant. Et, en effet, l'action répressive doit en général, être rare. De même qu'on ne ligote plus l'enfant dans le maillot d'autrefois qui immobilisait les bras et les jambes, de même il ne convient pas d'enserrer, dans les mille liens d'une surveillance tatillonne, les manifestations spontanées de l'activité morale, qui n'est autre chose qu'une sorte d'instinct, formé par les expériences ancestrales et lentement imposé par les nécessités fondamentales de la vie en société. Ainsi, les rires, les moqueries, sont le coup de fouet qui cingle, souvent fort à propos, l'amour-propre et qui va réveiller, au fond de l'individu, une énergie qui, sans cela, serait restée languissante. Ce n'est pas cependant qu'il faille, dans tous les cas, supporter la moquerie. La maîtresse devra, au contraire, se montrer d'une grande sévérité pour toutes les manifestations d'une joie qui est faite du mal d'autrui, quand ce mal ne peut être corrigé par le bon vouloir du malheureux qui en est affligé. Ce serait, par exemple, pure cruauté de tourner en ridicule un camarade, parce qu'il a un œil de travers, un nez proéminent, une épaule gibbeuse, une jambe claudicante, ou un nom qui prête à un sobriquet. Car les moqueries ne feraient alors qu'ajouter une souffrance inutile à une souffrance imméritée.

D'autre part, la maîtresse, pourrait-on objecter, n'a ni puni, ni réprimandé. C'est vrai. Mais elle n'a pas approuvé non plus. Elle est restée neutre, ou plutôt elle est censée n'avoir pas vu. Elle n'a donc pas eu à parler d'un événement qui n'existe pas pour elle, et l'ordre qu'elle a donné, étant indépendant de l'incident, a opéré une utile diversion. La diversion est un procédé dont l'emploi se recommande surtout à l'école maternelle. Et, en effet, c'est par elle que se dénouent les situations délicates, qu'on élude les questions embarrassantes, qu'on apporte les consolations les plus sûres. Supposons une maîtresse d'un zèle maladroit et qui veuille jouer le rôle d'une providence attentive aux moindres détails. Elle ouvre une enquête pour discerner les culpabilités et attribuer à chacun, selon la gravité de la faute, la part de reproches qui lui revient. Le mal ne fait alors qu'empirer. Toto, au milieu de ses sanglots qui redoublent, se plaint et accuse. Les accusés protestent de leur innocence, et même ils se prétendent victimes. Aux fautes précédentes s'ajoutent les mensonges, les faux-témoignages, de nouveaux mouvements de colère, et, quand même la maîtresse aurait la sagesse judiciaire d'un Salomon, des sentiments de révolte contre l'arrêt prononcé. Le « Amusez-vous » sert à clore l'incident de la façon la plus satisfaisante.

Une répression d'un genre plus délicat est celle qui regarde la propreté. Comment s'y prendre pour empêcher des enfants de venir à l'école avec des vêtements malpropres, un visage barbouillé et crasseux, des cheveux encore plus embrouillés que les maquis de la procédure? Non seulement les maîtresses n'ont pas à ajouter, à leurs devoirs déjà si lourds, celui de subir des contacts aussi répugnants, mais les autres enfants et, par contre-coup, leurs parents ont besoin d'être protégés contre une malpropreté menaçante à tant d'égards.

Pour faire ressortir la complexité du problème, recourons à un exemple concret, qui pourra servir de type pour tous les cas de cette sorte. La mère de Toto, qui pèche plutôt par excès de soin que par négligence, est prise d'un grand émoi, un matin qu'elle procédait, comme d'ordinaire, à la toilette de son petit garçon. Elle promenait avec complaisance le peigne dans les longues boucles de son chéri, lorsque, de son œil vigilant, elle remarque des pellicules suspectes. Elle regarde avec plus d'attention, et la terrible vérité éclate à ses yeux. Van Thiegem, dans sa *Botanique*, pense que la vie à la surface de la terre ne s'est pas produite spontanément, mais qu'elle est due à des germes vivants, enfermés dans quelque aérolithe, qui se serait détaché de quelque planète. Eh bien ! un phénomène semblable s'est accompli dans le sphéroïde de Toto. De hardis colons ont pénétré sur des terres vierges jusqu'alors, et ils ont prospéré au grand désespoir de la mère. Furieuse de voir de pareils hôtes déshonorer une si belle chevelure, elle va, d'un bond, se plaindre.

Habituée aux plaintes des parents qui subissent comme une injure personnelle les petits désagréments de la vie écolière, la maîtresse s'apprêtait à la recevoir, avec cette patience indulgente que conseillait jadis Épictète, lorsqu'il recommande « de prendre chaque chose par l'anse qui la rend plus facile à porter ». L'anse qui permet de supporter les plaintes ineptes et ridicules des mamans, c'est qu'elles souffrent cruellement et que, par suite, elles méritent un peu qu'on adoucisse leurs souffrances en écoutant, sans trop de fatigue apparente, les longues apologies d'un enfant qui n'a jamais tort. Cette fois cependant la plainte était plus fondée et exigeait que des mesures fussent prises.

La seule mesure efficace à prendre est de renvoyer tout enfant malpropre à ses parents, en les avertissant qu'il ne sera de nouveau admis à l'école que complètement débarrassé de ses parasites. Le renvoi sera discret pour ne pas éveiller la malice des enfants, qui seraient trop heureux de gratifier leur camarade de quelque épithète mal sonnante. Mais il doit être décidé sans faiblesse. L'accès des écoles maternelles est une faveur, un service rendu aux mères qui peuvent ainsi vaquer à des besognes rémunérées. Il est bien juste qu'en retour de ces avantages, elles accordent aux soins de propreté le temps nécessaire, puisque la négligence à cet égard est pour les autres une source d'ennuis, et même de vrais dangers, s'il est vrai que beaucoup de maladies naissent de la malpropreté. Le renvoi dans la famille n'est pas une punition infligée à l'enfant, punition qui serait imméritée, puisque la faute doit être attribuée aux parents, punition inutile puisqu'elle ne pourrait servir à le corriger. C'est un avertissement adressé à la mère, qui manque à une de ses obligations les plus strictes et qui, de plus, oublie trop facilement les droits des autres mères. Ici, la leçon morale dépasse l'enfant pour atteindre les parents. Et c'est justice.

Faut-il que, en dehors de ces leçons essentiellement pratiques, la maîtresse fasse de petits exposés de morale, si simples qu'on les suppose ? Voici ce que dit à ce sujet l'*article 13 du Décret du 2 août 1881* : « Les premiers principes d'éducation morale seront donnés dans les écoles maternelles publiques, non sous forme de leçons distinctes et suivies, mais par des entretiens familiers, des questions, des récits, des chants destinés à inspirer aux enfants le sentiment de leurs devoirs envers la Famille, envers la Patrie, envers Dieu. »

Pas de contestation possible au sujet d'un cours suivi, qui, de toute évidence, n'est pas applicable à des enfants de moins de sept ans. La seconde partie de l'article est inspirée par des intentions fort louables, mais les conseils qu'elle renferme ont le grave tort d'être mal appropriés à des écoles où les enfants peuvent être admis dès l'âge de deux ans. Les entretiens ne seraient guère qu'un monologue de la maîtresse, coupé de temps en temps par les « oui ! ou non, Madame ? » qu'une mine, un geste, une formule connus aura provoqués. Pour les rendre intéressants et fructueux, il faudrait tout l'art d'un La Fontaine, et encore il arriverait plus d'une fois que les auditeurs prendraient à rebours la leçon morale qu'on voulait leur insinuer : « Vous chantiez, j'en suis fort aise. Eh ! bien, dansez maintenant !» les amuserait beaucoup, mais ne leur apprendrait guère à soulager les malheureux, ou tout au moins, à ne pas tourner en dérision leur misère.

Les questions n'amèneraient non plus que des réponses maladroites ou fausses quand elles sont spontanées. Croire, en effet, que ces réponses peuvent être justes, sans qu'elles soient suggérées d'une façon plus ou moins adroite et dissimulée, c'est revenir à la théorie de l'innéité de la conscience morale, et, à en faire avec Rousseau, « un instinct divin, une immortelle et céleste voix, un guide assuré... un juge infaillible du bien et du mal... » C'est supposer résolu le problème de l'éducation morale, qui, au contraire, consiste essentiellement dans la lente et difficile formation d'une conscience éclairée et droite. Quant aux réponses justes, mais qui sont, en quelque sorte dictées par la forme de l'interrogation, elles sont sans valeur, parce qu'elles ne sont pas le résultat d'une réflexion propre.

Des objections analogues pourraient être dirigées contre l'utilité des récits. Ces récits, si peu qu'on s'efforce d'y apporter de la vérité, porteront le plus souvent sur des choses mal connues. De là, ou des interprétations fausses, ou une indifférence foncière, qui se traduit, tantôt dans une attitude morne quand la maîtresse se fait obéir, tantôt dans des regards distraits et des mines malicieuses, si l'autorité manque. Des bambins de moins de sept ans sont incapables de comprendre la grandeur de ces mots « Famille, Patrie, Dieu ». Par suite, il ne faut pas déflorer ces sujets par une exposition prématurée.

Que l'enfant soit enveloppé d'une atmosphère morale qui le pénètre et le vivifie sans qu'il la sente ; que la leçon se glisse, s'insinue partout, mais qu'elle ne s'alourdisse pas de récits apprêtés, où l'enfant tombe dans le précepte comme dans une chausse-trappe. Peu de paroles, mais plutôt des actes qui s'enregistrent mieux dans la mémoire, qui façonnent les muscles et les disposent aux habitudes bonnes et durables. Voilà toute la méthode.

Quant au programme, il serait suffisamment rempli, si l'enfant, pendant ces premières années d'école, acquérait *le sentiment général de la règle,* d'une obligation à laquelle sa volonté doive se plier, si, en particulier, il prenait l'habitude de l'*ordre* dans les mouvements, de l'*immobilité* et du *silence* nécessaires à l'activité intellectuelle, de *l'effort personnel* et *de la confiance* en ses ressources propres ; si, en outre, il commençait à s'apercevoir que les choses et les êtres du monde extérieur ne sont pas à son service, mais qu'il trouvera, de ce côté, des résistances, des forces adverses ou tout au moins rivales, des personnalités jalouses de leurs droits et toujours prêtes à les défendre à la moindre atteinte. Si, par surcroît la maîtresse est capable d'éveiller chez les parents leurs sentiments de responsabilité, ce sera un nouveau gain à ajouter aux précédents ; un gain considérable, puisque l'éducation des enfants ne peut être menée à bien sans la collaboration des parents.

Muni de ce petit bagage moral, l'enfant pourra, avec plus de sûreté, franchir de nouvelles étapes. Que les progrès soient lents, pourvu qu'ils soient sûrs, voilà l'essentiel de la méthode.

A partir de l'école maternelle, les enfants vont s'engager dans des voies différentes. Jusqu'ici, bambins et fillettes étaient confondus, assis côte à côte sur les mêmes bancs et participant aux mêmes jeux. Ce mélange était sans inconvénients, tant, dans cet âge ingénu, sont peu senties les différences de sexe ! En outre, comme les premiers rudiments d'instruction et d'éducation conviennent également aux deux sexes, il n'y avait pas lieu de séparer les garçons des filles.

Plus tard, ces deux raisons n'existent plus. L'ignorance n'est plus la même. Les affinités entre les deux fluides, masculin et féminin, primitivement inconscientes, se révèlent aux intéressés d'une façon plus sentie et elles se manifestent, aux yeux des surveillants, en des signes moins équivoques. Il est prudent alors, surtout en France où le sixième sens est doué d'une perspicacité plus vive et plus tôt éveillée, de ne pas donner à ce sens trop d'occasions d'aiguiser sa finesse.

La séparation des sexes s'impose pour une raison encore plus impérieuse. C'est que, dans toute science pratique, les moyens doivent être exactement appropriés au but qu'on se propose d'atteindre. Or, si le rôle moral et social de l'homme et de la femme diffèrent, l'éducation doit être adaptée au genre de vie que chacun est appelé à mener. Le principe est évident. Reste à savoir s'il est applicable dans le cas actuel. C'est la question du féminisme, question très agitée à notre époque, et qu'il n'est point permis d'éluder, sans toutefois qu'il soit nécessaire d'entrer dans des détails étrangers à notre sujet.

La première division du travail qui ait été opérée dans l'humanité et qui ait survécu à toutes les vicissitudes, est celle qui a attribué des tâches distinctes à l'homme et à la femme. A l'homme ont été de tous temps réservés les travaux les plus fatigants et les plus dangereux, ceux qui exigent un plus grand déploiement de force physique, une énergie plus soutenue, un sang-froid plus difficile à conserver au milieu des périls, une lucidité d'intelligence que ne viennent point troubler des émotions trop vives et trop promptes. A la femme sont dévolus les travaux de l'intérieur, et d'une façon générale, des tâches qui sont plus en rapport avec la faiblesse relative de ses muscles, et dont peut s'accommoder une sensibilité que le moindre accident surexcite et trouble. A la campagne, c'est l'homme qui laboure, qui fauche, qui abat de sa cognée les grands chênes de la forêt, tandis que la femme conduit les vaches dans la prairie, ramasse les épis comme la Ruth de la Bible, prépare les repas et naguère encore filait la laine ou le chanvre, comme la

matrone romaine dont c'était le plus bel éloge. — Sur
les bords de la mer, c'est l'homme qui, accompagné
de ses jeunes gars, monte sur sa barque de pêche, va
et parfois ne revient plus. — Dans les métiers urbains
apparaissent des distinctions analogues. La femme de
l'ouvrier absorbe la plus grande partie de son temps
dans les occupations du ménage. Quand elle exerce un
métier à côté, ainsi qu'il arrive dans les petites villes,
elle fait de la couture, de la lingerie, du repassage et
d'autres besognes analogues, qui demandent de l'assiduité, mais qui n'exigent pas une grande force mus-
culaire et qui n'exposent pas à de graves périls. C'est
à l'homme, au contraire, qu'incombent les besognes
les plus pénibles, les plus répugnantes, les plus dangereuses. C'est l'homme qui travaille le bois, la pierre,
les métaux. Le maçon, le charpentier, le couvreur,
construisent ces demeures modestes ou somptueuses,
où la femme entourée de ses enfants trouve la paix
du foyer, mais ils les construisent au risque d'être
pris par le vertige et d'aller se fracasser le crâne sur
le pavé des rues. Le forgeron se calcine la paume des
mains à manier des tenailles brûlantes, et, de ses
muscles puissants, il bat avec un lourd marteau le fer
rougi qui éclabousse de ses étincelles le visage de ce
modeste Titan. Que dire du puddleur qui se dessèche,
des jours et des jours, devant des fours où la tempé-
rature est portée à douze cents degrés ; du mineur qui
travaille dans ces galeries souterraines, demi-nu,
couché sur le dos, n'ayant pour tout soleil que la lumière indécise d'une lampe, autour de laquelle voltigent comme les esprits de la mort, les poussières in-
flammables et le terrible grisou ; de l'égoutier, aux

vêtements maculés de boue, que la mondaine ose à peine effleurer d'un regard, et qui cependant assure la salubrité publique par la surveillance d'eaux plus noires et plus bourbeuses que celles du Styx?...

Il est vrai que, dans les grandes villes et dans les centres manufacturiers, la femme a une tendance à prendre part, comme l'homme, à des travaux faits à l'extérieur et rémunérés par des salaires. La première remarque au sujet de cette rivalité avec l'homme, c'est que là encore les travaux choisis par l'ouvrière réclament moins de force que d'assiduité, de patience, et, si l'on veut, d'habileté manuelle. Ils restent donc toujours appropriés à la nature de la femme.

Une objection bien plus grave peut être dirigée contre l'intrusion de la femme dans les fabriques et les manufactures. Dans les ateliers où les sexes sont mêlés, la moralité est très compromise, ou plutôt la corruption semble y avoir la constance d'une loi, tant les faits s'accordent pour en établir la réalité. Une autre conséquence, c'est que la famille est désorganisée et que de cette désorganisation résultent tous les maux qui frappent, à notre époque, les yeux de tous les moralistes. L'éducation n'a donc pas à favoriser des changements qui, loin de constituer des progrès, sont des plus nuisibles et aux individus et à la Société.

En résumé, la femme et l'homme ont une nature, des dispositions et des aptitudes différentes ; ils sont, de plus, destinés à un genre de vie distinct. Donc, l'éducation n'a pas à réformer des tendances vraisemblablement invincibles, mais à se plier à cette diversité en s'efforçant de donner à chacune des deux personnalités, toute la perfection qu'elle comporte.{Pour cela, l'enseignement et l'éducation seront donnés dans des écoles distinctes : écoles de garçons, écoles de filles.

sité en s'efforçant de donner à chacune des deux personnalités, toute la perfection qu'elle comporte.{Pour cela, l'enseignement et l'éducation seront donnés dans des écoles distinctes : écoles de garçons, écoles de filles.

CHAPITRE II

ÉCOLES DE GARÇONS

L'organisation pédagogique est réglée en France par l'arrêté du 27 juillet 1882. D'après cet arrêté, l'enseignement comprend trois cours qui conduisent l'enfant de 7 à 13 ans. Comment l'éducation morale doit-elle être conduite dans cet intervalle de temps ?

Un principe qu'il ne faut jamais perdre de vue, c'est que la marche doit être progressive et correspondre exactement à l'évolution des facultés, évolution qui se fait avec cette lenteur propre au développement de tout être vivant. C'est là une vérité généralement admise et sur laquelle il est, par suite, inutile d'insister. L'essentiel est d'en faire toujours une judicieuse application.

Un autre principe, moins connu et qui cependant mérite d'être proclamé et suivi, c'est que chaque période de la vie a sa valeur propre et n'est pas un simple passage pour arriver à une fin supérieure, fin si fuyante que, suivant les théologiens, il faudrait, pour l'atteindre, aller au delà de la mort. Chacune a un bien à réaliser et comme le bien ne peut être séparé du devoir, chacune a aussi des devoirs à accomplir. Ainsi, l'enfance ne doit pas être sacrifiée en vue d'un avenir lointain, toujours hypothétique et dont on ajournerait la venue jusqu'à la vieillesse. L'activité que l'enfant doit exercer a son prix par elle-même, et, si elle est bien dirigée, elle servira à un bien actuel, sans compter les conséquences heureuses qui pourront se réaliser dans l'avenir. D'ailleurs, par une génération naturelle, le bien engendre le bien, de sorte que chacune des phases de la vie, heureusement traversée, est la meilleure préparation aux phases suivantes.

Quel est donc le véritable bien de l'enfant, pendant cette période de vie qui s'étend de 7 à 13 ans? Ce n'est pas de suivre les impulsions aveugles de la sensibilité, de lâcher la bride à tous les caprices, et, par son inexpérience, de tomber, à chaque pas, dans les erreurs les plus grossières et dans les fautes les plus irréparables. Son bien essentiel est de profiter de l'expérience lentement acquise par les générations antérieures, et dont le dépôt se trouve dans la famille, mais surtout à l'École, entre les mains du Maître qui a précisément, pour rôle social, le devoir de transmettre aux jeunes générations ce trésor de sagesse.

C'est à dessein que, pour cette fonction éducatrice, nous mettons l'École au-dessus de la famille. Non pas qu'il y ait nécessaire opposition entre les deux. Loin de là. Puisque toutes deux visent à un même but, le bien de l'enfant, leur action doit s'accorder et se prêter un mutuel appui. Mais, si un conflit vient à se produire, le dernier mot appartient à l'École et à ses Maîtres. Car, ce sont les interprètes les plus autorisés du bien de l'enfant, qui ne peut se réaliser qu'à la condition de rester en harmonie avec le bien social, ou plutôt de lui être toujours subordonné.

On objecte la liberté et la puissance patérnelles, qui se trouvent lésées par ce qu'on appelle le despotisme de l'État. Mais l'enfant n'est pas la chose du père. L'antique conception qui accordait au père un pouvoir absolu sur ses enfants, est depuis longtemps périmée. Elle l'est à bon droit. D'abord, tous les parents n'ont pas, au même degré, conscience de leurs obligations à l'égard des êtres qu'ils ont appelés à la vie. A ceux-là il est bon de les leur rappeler et, au besoin, de les leur imposer par la contrainte. De là, la légitimité de l'obligation scolaire. D'autres parents ont de bonnes intentions. Mais leurs vues sont étroites, plus ou moins inconsciemment tournées vers l'égoïsme familial ou les intérêts bornés d'une classe. Parfois même, la vivacité de leur affection, que ne vient point modérer une vue assez nette des réalités prochaines, les porte à une déplorable faiblesse. C'est donc encore l'École, émanation de la société tout entière, qui doit se constituer la gardienne des intérêts généraux et faire prévaloir, sur l'égoïsme des individus et des groupes, la justice, c'est-à-dire, l'ensemble des droits qui appartiennent à tous. Et enfin, c'est à l'École qu'a le plus de chance de se rencontrer cette affection éclairée et ferme, dont l'enfant jouira dans le présent comme dans l'avenir.

Il en jouira, à la condition de pratiquer cette vertu cardinale du premier âge, l'obéissance, non pas l'obéissance servile qui est dictée par la crainte du châtiment, mais la soumission consentie et joyeuse à une volonté extérieure, celle du Maître qui doit passer pour un guide infaillible.

C'est tout d'abord vers la *production de cette qua-*

lité que l'instituteur dirigera ses efforts. Pour les élèves (de 7 à 9 ans) du Cours élémentaire, il lui faudra, s'il veut avoir le plus de chances de l'obtenir, continuer l'application de la méthode suivie dans les classes enfantines. Etre très sobre d'explications, n'avoir pas la prétention de faire découvrir à l'enfant ce qu'il ne sait pas et ce que son âge ne lui permet pas de savoir, mais user franchement de l'autorité, sans en dissimuler l'emploi sous des apparences, dont le moindre inconvénient est de n'illusionner aucun pédagogue, capable de voir les choses sans parti-pris. Un inconvénient plus sérieux d'une maïeutique prématurée est de donner une fâcheuse présomption à l'enfant qui se croit, d'après les dires mêmes de son maître, l'inventeur des idées qu'on lui a adroitement soufflées. Cependant, le mal ne serait pas encore très grand, s'il devait toujours les conserver dans l'état où elles lui ont été communiquées. Mais, puisqu'il est encouragé à se considérer comme l'inventeur ou même comme le créateur de ces idées, rien ne l'empêchera de les modifier. lorsque son intelligence, sollicitée par des influences diverses, inclinera vers d'autres conclusions. Par un appel indiscret à la discussion, on risquerait de former ces précoces raisonneurs qui fatiguent leur entourage de leurs incessants pourquoi, et dont il faut, en fin de compte, arrêter le bavardage inutile par un recours à l'autorité ; recours tardif, dont l'enfant aperçoit l'inconséquence et dont il est tout prêt à se plaindre comme de la violation d'un droit acquis. Donc, donner des ordres qui puissent toujours se justifier aux yeux d'une raison éclairée, mais sans les accompagner d'explications, dont l'enfant ne saisirait pas la justesse et qui serviraient seulement à développer en lui la manie interrogante, première ébauche du scepticisme.

Les premiers ordres se rapportent aux actions extérieures. Car c'est tout d'abord le corps qu'il faut plier, dans tous ses organes, aux habitudes régulières. Quand l'heure de l'entrée approche, les jambes de l'écolier doivent se hâter vers l'école, sans se laisser retarder par les petits incidents, semés toujours sur la route de ceux qui ne pratiquent pas l'exactitude. Les oreilles se fermeront à la voix enchanteresse des amuseurs qui proposent de recommencer bien vite une partie de billes. Les yeux ne se fixeront pas trop longtemps sur un étalage tentateur, ou sur quelqu'un de ces spectacles de la rue toujours si intéressants. L'image de son maître se dressera devant lui, et dans sa mémoire résonnera l'écho de cette parole répétée si souvent avec fermeté : « Personne ne doit arriver après le coup de cloche ! »

A plus forte raison, pas d'absence non *motivée*. Dans le cas où elle se produirait, le maître informerait aussitôt les parents, et, soutenu par eux, apprendrait à l'enfant, coupable d'une vraie désertion, que sa faute doit être punie. Car le châtiment, de quelque nature qu'il soit, est la seule manière de faire comprendre à un enfant de moins de neuf ans que son action était mauvaise.

Dans l'intérieur de l'école, le jeune écolier exécutera ponctuellement toutes les besognes prescrites. Il ira prendre sa place sans bruit, sans précipitation, sans désordre. Au signal convenu, il prendra son porte-plume, et, le corps bien droit, il exercera sa main à tracer avec précisiou et fermeté les lettres de l'alphabet, à mouler les caractères dans la beauté de leur forme typique ! De ce travail presque artistique il passera à un autre, l'art de la lecture. Le maître doit être bien persuadé que la lecture est la meilleure leçon de patriotisme à donner aux enfants. C'est par elle qu'une langue uniforme se répand sur toutes les parties du territoire, sans être déformée par des patois locaux, incompréhensibles au delà de limites étroites ; patois qui menacent de diviser une société en une poussière de petits groupes, indifférents entre eux ou même hostiles. C'est par elle que l'enfant participe à une vie élargie dans le temps et dans l'espace. De sa petite bourgade cachée dans le creux d'une vallée ou perdue au milieu de la forêt, il entend la voix des plus sages, des plus intelligents, des plus habiles. Il devient leur interprète, et le voilà qui, de sa voix enfantine, énonce des maximes où se trouvent condensée l'expérience des siècles, qui fait de beaux récits ou bien qui, sous la conduite d'un poète, se met à agencer les mots dans un rythme harmonieux. C'est aussi par la lecture que son petit esprit entre en communication avec l'âme de son pays, l'âme ancienne, vénérable, de cette grande personnalité qu'est la Patrie, et que, par cette communication, il se façonne, inconsciemment mais sûrement, à la vie sociale. S'il en est ainsi, le maître comprendra qu'il doit donner tous ses soins à la lecture. Pour les élèves du Cours élémentaire, il s'attachera avant tout à la technique proprement dite. Car il faut tout d'abord assouplir les organes de la parole, veiller à ce que l'articulation des consonnes soit nette et dépourvue de défectuosités propres à certaines contrées ; prendre garde que l'émission des voyelles soit pure et mesurée, sans altération ni sans trop de lenteur ou de rapidité, que la prononciation des mots et des syllabes soit distincte, sans bredouillement ni sans trop d'éclat. En résumé, la pratique de la parole, du verbe, de la raison (car tous ces termes sont synonymes), est la meilleure préparation à la morale individuelle et sociale ; préparation qui se fait par l'exercice même et qui ne réclame pas de commentaires.

Un art non moins précieux à acquérir est celui de savoir garder au besoin l'immobilité et le silence. Certes, il ne s'agit pas de faire de l'écolier une souche inerte et muette. Mais il ne faut pas non plus que son activité se dissipe en mouvements inutiles et en un vain bavardage. La tête ne doit pas être une girouette qui tourne à tous les vents de la curiosité, mais, quand le maître parle, elle doit rester invariablement dirigée vers celui qui prend la peine d'y faire pénétrer quelque connaissance nouvelle. Cette immobilité du corps est la meilleure façon d'obtenir une attention active, soutenue, pénétrante. Elle est aussi une politesse et une marque de gratitude à l'égard du maître, puisque, par l'effort même qu'elle exige, elle montre le prix qu'on attache à l'enseignement donné et que, d'autre part, par les progrès réalisés grâce à elle, elle donne au maître sa plus douce récompense.

Quant à la langue, il faut, suivant le mot du vieux Corneille s'habituer à la « tenir captive ». Savoir se taire est une qualité qu'il importe d'acquérir de bonne heure. En particulier à l'école, où la parole n'est employée que pour des fins utiles, le silence est obligatoire, toutes les fois qu'il ne pourrait être rompu que par un bavardage inutile, ou plutôt irrespectueux à l'égard du maître et nuisible à la classe par la dissipation qu'il provoque.

Cette discipline du corps doit s'appliquer même aux organes qui semblent le plus rebelles à la contrainte, et qui cependant, sous l'empire d'habitudes maintenues avec quelque vigilance, se plient à une activité régulière. Les seules exceptions à admettre seraient faites en faveur de ceux qui seraient atteints d'une indisposition accidentelle ou qui, par suite d'une faiblesse organique bien constatée, auraient besoin de sorties plus fréquentes.

Quelles sont les conditions les plus favorables au développement de ces qualités d'ordre extérieur ? La première réside dans la bonne influence qu'exercent les camarades plus âgés. Si l'esprit de l'école est bon ; si les grands montrent, par leur tenue, par leur attitude, par leurs mouvements réglés, leurs sentiments de politesse et de respect à l'égard du maître, les nouveaux se porteront d'eux-mêmes à suivre ces bons exemples. Si, au contraire, des habitudes de dissipation et de turbulence se sont répandues dans la classe, elles gagneront, par une inévitable contagion, les derniers venus, qui mettront leur fierté « à faire comme les grands ». Les exhortations les plus éloquentes frapperont inutilement les oreilles, et les menaces elles-mêmes, forcées de rester le plus souvent sans effet seront accueillies avec des sourires moqueurs ou avec des mines qui jouent l'indignation. La partie est alors perdue pour le maître. Son autorité et avec elle la discipline ne se rétabliront que par des prodiges d'habileté persévérante. Il vaut mieux que, par un changement de résidence, aussi utile à lui qu'à ses élèves, il aille se corriger ailleurs des défauts dus à son inexpérience.

Pourquoi l'esprit de l'école a-t-il une si grande puissance? C'est là un fait souvent constaté, mais dont il importe de donner la raison pour en mieux établir la réalité. La majorité des élèves n'a point, par hypothèse, les sentiments de crainte respectueuse, nécessaires au maintien de l'ordre dans l'école. Alors tout est prétexte à la dissipation, au bruit, aux rires. Ces manifestations extérieures ne passent pas inaperçues. Elles impriment, dans l'esprit des nouveaux, des images d'autant plus nettes et fortes que les signes d'indiscipline sont plus nombreux et plus souvent répétés. Or, d'après une loi psychologique bien connue, les images de mouvements ne sont pas des représentations inertes, mais elles tendent à se réaliser en sollicitant les nerfs moteurs qui leur sont associés. De là, par exemple, cette contagion de rires qui, nés de causes futiles, se répandent, se multiplient, s'accroissent, s'amplifient par leurs répercussions mutuelles, et finissent en éclats bruyants, suivant un *crescendo* analogue à celui dont parle Beaumarchais au sujet de la calomnie. Mais, à leur tour, les signes d'un sentiment tendent à engendrer le sentiment lui-même, de sorte que l'enfant qui, malgré la figure courroucée du maître continue à rire, n'a plus pour lui le même respect. Il n'attachera plus le même prix à ses éloges, et il redoutera moins de lui déplaire, quand il sera tenté de se mal conformer aux ordres reçus. Deux choses pourraient faire obstacle à ce mauvais état d'esprit : 1° l'idée que cette dissipation sera nuisible à celui qui s'y livre ; 2° la crainte d'une punition. Or, l'idée d'un avantage futur n'a pas de prise sur un enfant de sept ans. Quant à la crainte d'une punition, elle serait, à coup sûr, plus efficace si elle n'était pas tenue en échec par la crainte opposée qui naît de ses rapports avec le groupe redoutable des insubordonnés. Car s'il ne suit pas l'exemple de la majorité, il s'expose aux moqueries de ses camarades, à leurs taquineries, et même à des vexations, qui se montrent sous des formes variées et pas toujours exemptes de brutalité. C'est le poids qui le plus souvent emporte la balance. Et voilà comment le nouveau venu, pour peu qu'il apporte des dispositions à la dissipation, va bientôt grossir le groupe des insubordonnés.

Le succès de l'éducation dépend ainsi de l'esprit de l'école. Mais, à son tour, le bon esprit de l'école dépend de l'autorité du maître. Reste à savoir comment cette autorité peut s'acquérir et se conserver.

Le premier contact avec les élèves a une importance capitale. Un nouvel instituteur est arrivé. Que sera-t-il ? C'est là un problème qui éveille la curiosité de la gent scolaire, et qui surexcite au plus haut point toutes leurs facultés perceptives. Tous les yeux sont braqués sur cet inconnu qui va tenir désormais une si grande place dans la vie des jeunes écoliers. Ils se repaissent avidement de son image, et ils enregistrent, avec la fidélité d'empreintes neuves, tous les détails du costume, de la tenue, de l'attitude, de la physionomie, et surtout du regard, qui est l'indice le plus sûr et le plus manifeste du caractère. Les oreilles aussi sont tendues, prêtes à recevoir les premières paroles et à sentir, par la nature seule de l'intonation, les qualités de force ou de faiblesse. L'occasion est donc des plus favorables pour produire une impression profonde, durable et, peut-on ajouter, avantageuse. Car « tout nouveau, tout beau », dit un proverbe. Et cette vérité se vérifie plus spécialement chez les enfants qui voient les choses et les êtres à travers l'optimisme naturel à leur âge.

C'est à l'instituteur à profiter de ces bonnes dispositions. Il s'attachera par la dignité de son maintien, par la fermeté du regard, par le sérieux de ses paroles, à faire naître, dans l'esprit des écoliers, l'idée qu'ils sont en présence d'un maître, d'un maître pourvu de toutes les qualités qui inspirent le respect.

Cependant une impression première, si vivace qu'elle soit, ne peut durer que si elle est entretenue et sans cesse revivifiée par des impressions de même nature. Les qualités du maître ne doivent pas être que de simples apparences ; elles doivent être des réalités, dont les effets se feront sentir par une action continuelle.

L'éducateur vise à former la volonté et à l'assujettir à une règle. Pour cela, il donne des conseils et il impose des ordres. Or, ses conseils ne seront pas suivis, si sa propre conduite dément ses paroles. Et ses ordres passeront pour des abus de pouvoir, s'il s'affranchit lui-même des obligations qu'il prescrit et dont il vante les avantages. Donc, si l'on ne veut point seulement du dressage, auquel l'enfant se soustrait dès que la contrainte cesse, il faut convaincre, persuader, faire accepter la règle comme le plus sûr moyen d'arriver au bien. Cela n'est possible qu'à la condition de prêcher d'exemple et de ne prescrire aux autres que ce que l'on est disposé à faire soi-même. L'instituteur donnera donc l'exemple de l'exactitude et de la ponctualité ; il apportera une grande régularité dans l'emploi du temps ; il ne montrera aucune négligence dans son costume, ni dans sa tenue ; il évitera les plaisanteries, qui obtiennent, auprès des enfants avides de distractions et de rires, des succès faciles mais qui provoquent bientôt le bruit et le désordre ; il mettra de l'intérêt dans son enseignement par l'intérêt qu'il y prendra lui-même, intérêt entretenu en lui par l'idée toujours présente du devoir professionnel et, par suite, capable de mettre en jeu toute son ingéniosité éducatrice et toute son activité intellectuelle. En un mot, il sera un modèle vivant que les élèves n'auront qu'à copier presque inconsciemment pour arriver sans effort à la pratique de cette règle fondamentale : obéissance à une règle.

Cependant, ce serait s'exposer à de graves mécomptes de croire que le bon exemple a, par lui seul, une efficacité souveraine. Le bien ne produit point, par une sorte de génération nécessaire, toujours le bien chez les autres. Il rayonne ses bienfaisants effluves chez ceux qui sont disposés à les recevoir, mais il est des natures réfractaires qui ne se laissent point pénétrer de ses rayons. Les tendances naturelles sont chez quelques-uns, trop éloignées du bien pour se plier d'elles-mêmes à l'imitation. Un regard, un geste, un avertissement, qui suffisent pour ramener les autres dans la bonne voie, restent sur eux sans

effet, alors que le maître les multiplie et les accentue.
Que faire ? A une autre époque, la réponse n'aurait
pas été douteuse. La grande majorité des éducateurs
se seraient accordés pour dire : il faut dompter par la
punition ces natures rebelles. Aujourd'hui il n'en est
plus de même. Le vent qui soufflait naguère était la
bise cinglante ; maintenant de tous les coins de
l'horizon pédagogique accourent, comme une bande
de danseuses légères, les brises les plus tièdes, les
plus douces, les plus caressantes. Et ces modernes esprits de l'air murmurent toujours les mêmes mots de
pardon et d'indulgence. Comme il arrive souvent,
surtout en France où les réactions les mieux justifiées franchissent les bornes, on est tombé d'un
excès dans un autre. Autrefois, la discipline était trop
rigoureuse ; maintenant elle est tellement atténuée
qu'elle tend à disparaître. Or, elle ne doit pas disparaître. Car elle sert à protéger l'individu contre lui-
même et à l'empêcher d'exercer sa malveillance à
l'égard des autres.

On peut considérer la nécessité de la discipline
comme un principe, ou, tout au moins, comme un pos-
tulat généralement admis.

Les divergences se manifestent seulement dans
l'application. Comment arriver à concilier les deux
tendances opposées, l'une qui incline vers l'indulgence, l'autre qui fait plus volontiers appel à la répression ? C'est en attribuant à chacune sa part légitime par un discernement judicieux des fautes. Le
maître ne doit pas se conduire à la façon d'un tyran
ombrageux, qui considère toute faute comme un
attentat de lèse-majesté, et qui, pour la moindre

peccadille, arme son bras de la férule vengeresse. Ses élèves ne sont pas des esclaves. Quand il les punit, ce ne doit pas être par caprice de despote, pour faire étalage de sa force et de sa supériorité ; c'est que la punition est nécessaire pour le bien du coupable, et surtout pour le bien général de la classe. Semblable au magistrat dont la fonction est de protéger la société contre les violateurs des lois, l'instituteur a aussi pour rôle d'empêcher quelques mauvais élèves de troubler l'ordre et de nuire ainsi à leurs camarades. La discipline ne doit donc pas être capricieuse, tracassière, toujours en quête de nouvelles occasions de s'exercer. Elle doit être bienveillante, amicale, si l'on veut, c'est-à-dire animée du sincère désir de réaliser le bien de tous. Mais cette bienveillance doit rester toujours alliée à la fermeté.

Un éducateur intelligent est très sobre de punitions. Il attache peu de gravité aux fautes accidentelles, à celles qui viennent d'un concours de circonstances peu habituel et qui n'indiquent pas, chez celui qui les commet, de mauvaises dispositions. Le plus souvent, il feint de ne pas apercevoir ces petits manquements involontaires à la règle ; quelquefois, il garde un silence énigmatique qui met le coupable dans l'inquiétude, à la pensée de toutes les punitions possibles que la peur évoque en son esprit et lui exagère. Pour l'étourderie, la dissipation, le bavardage, le maître usera encore de quelque indulgence, mais il montrera déjà un peu plus de sévérité, quand ces actes seront plus souvent renouvelés. Si un regard sévère, un signe de la main, sont insuffisants, il faudra recourir à la parole, donner un ordre bref et adresser une courte réprimande, mais sans l'accompagner d'injures qui blessent, irritent et font naître des sentiments de haine et des idées de rébellion. D'autre part, faire appel au cœur de l'élève est dangereux. Car si le maître n'a pas l'habileté voulue pour toucher la corde sensible, il compromet son prestige aux yeux de tous ceux qui sont témoins de son insuccès. Au lieu de risquer cet échec public, il vaut mieux parler à l'enfant en particulier. Lorsqu'il n'a plus à soutenir, vis-à-vis de ses camarades, sa réputation de forte tête, il est rare qu'il reste inaccessible aux sentiments qu'éveille une parole amicale mais ferme.

Ces procédés de discipline adoucie, quand ils sont employés par un maître expérimenté et sérieux produisent d'heureux résultats sur la majorité des élèves. Mais ils risquent d'échouer, quand ils viennent se heurter contre des natures particulièrement réfractaires.

L'école est une petite société qui ressemble à la grande, et ni dans l'une ni dans l'autre ne manquent les éléments de désordre. Des humanitaires, par une sorte d'hallucination optimiste, projettent au dehors leurs qualités de sensibilité et d'intelligence, et pétrissent indifféremment tous les hommes de la même pâte supérieure. Habitués ainsi à vivre dans un monde de rêve, ils aperçoivent à peine les attentats les plus criminels, et, toujours disposés à la pitié pour les coupables, ils ne tendent qu'à désarmer la loi, sans songer qu'une répression rigoureuse est la suprême sauvegarde des innocents. Ces optimistes, qui font inconsciemment tant de mal dans la société, se retrouvent à l'Ecole. Enveloppés par cet atmosphère d'indulgence qui règne à notre époque, quelques-uns des maîtres les plus éminents de l'éducation publique, ceux qui n'ont plus de rapports immédiats et journaliers avec les élèves, semblent ignorer l'existence de ces natures ingrates sur lesquelles la douceur n'a point d'action, et, par suite, ils se refusent à admettre la nécessité des punitions effectives.

Les faits viennent déchirer brutalement la toile délicate et brillante de ces rêves. Que faire d'un élève qui, malgré les avertissements répétés et les réprimandes paternelles, continue à troubler la classe de ses bavardages, de ses espiègleries, de ses rires, de ses mouvements tapageurs? Les menaces ne suffisent plus. Répétées tant de fois sans être suivies d'effets, elles ne servent maintenant qu'à provoquer ses rires, ses bravades, ses protestations, ses répliques insolentes. Non seulement le temps est perdu, mais la classe est troublée, et, chose plus grave, l'autorité du maître sera à jamais compromise aux yeux de tous les témoins de cette scène, si, dans ce duel avec un pareil mauvais sujet, ce dernier n'a pas nettement le dessous.

Pour cela, il faut que la faute soit suivie d'une peine assez forte pour qu'elle serve en même temps d'exemple aux autres et de frein aux mauvaises tendances du coupable. Alors, les paroles ne sont plus de mise. Il faut des actes. Les premières punitions à employer sont la retenue qui est une privation partielle de liberté, et le piquet dans un coin qui impose le silence, l'immobilité et l'isolement et qui a, de plus, l'avantage d'humilier l'enfant rebelle et d'indiquer aux autres sa défaite. Les maîtres anglais emploient le fouet, et les jésuites y avaient autrefois recours d'une façon régulière. C'est là un mode de correction expéditif, efficace et moins nuisible à la santé que les retenues et que les tâches supplémentaires, nom nouveau sous lequel se dissimule l'antique pensum. Il pourrait donc être recommandé, s'il était toujours appliqué à propos et avec mesure. Mais la liberté des châtiments corporels donne naissance à trop d'abus pour que son rétablissement officiel soit désirable. De jeunes maîtres, emportés par la fougue de l'âge et du tempérament, distribueraient les coups de baguette avec beaucoup trop de libéralité, et parfois, devenus furieux en présence d'une résistance, se livreraient, comme cela se produisait trop souvent autrefois, à des actes de vraie brutalité. Les règlements ont donc sagement fait d'interdire aux instituteurs les corrections manuelles. Mais cette défense ne s'applique pas aux parents. Dans les cas d'insubordination grave, l'instituteur pourrait faire appel au père de famille, qui viendrait lui-même, à l'issue de la classe et en présence du maître, cingler les mollets du jeune récalcitrant et établir à demeure dans son esprit, sous la forme de souvenirs humiliants et douloureux, des gardiens vigilants de la discipline.

A défaut de ce moyen, il faut recourir à l'exclusion temporaire, et si, la mauvaise conduite persiste, il faut ne pas hésiter à prononcer l'exclusion définitive. Ces deux mesures, précisément à cause de leur gravité, ne peuvent être laissées complètement à la discrétion du maître, qui, dans un moment d'irritation, serait exposé à les prononcer trop vite, et qui ensuite, par amour-propre, ne voudrait point revenir sur sa décision, alors même qu'après réflexion il la trouverait peu motivée. Pour éviter ces inconvénients, il semble qu'il serait utile d'instituer, à côté de l'instituteur, une sorte de Conseil de l'École, composé du Maire, d'un Conseiller, et d'un père de famille, ces deux derniers étant désignés par l'instituteur lui-même. C'est ce Conseil qui aurait à se prononcer sur les cas d'exclusion temporaire. Pour les cas d'exclusion définitive, l'intervention de l'inspecteur primaire serait nécessaire.

Mais au sujet de ce renvoi de l'école, une objection se présente aussitôt à l'esprit. Le législateur a décrété que l'instruction serait obligatoire pour tous, et, d'autre part, dans l'application, il serait permis de priver certains enfants des bienfaits de l'instruction, bienfaits jugés indispensables à tous et, peut-on dire, plus particulièrement nécessaires à des natures frustes et grossières. N'y a t-il pas là une contradiction manifeste ? N'y aurait-il pas là, en outre, une nouvelle cause de désertion de l'école, qui cette fois ne pourrait être combattue par les sanctions légales, puisque les absences ne seraient plus volontaires, mais imposées ? Que faire pour résoudre cette difficulté ? La solution du problème consisterait à faire peser sur les parents une responsabilité réelle, et à les obliger à prendre plus au sérieux des menaces qui, aujourd'hui, sont illusoires et ridicules. Quant aux enfants qui seraient reconnus réfractaires à la discipline commune, ils seraient envoyés dans les maisons départementales, où les règles scolaires seraient appliquées avec plus de sévérité. Cette contrainte serait juste. Car la perversité du caractère ne saurait constituer un droit pour s'affranchir d'une obligation qui pèse sur de meilleurs. L'isolement dans ces maisons spéciales serait utile aux coupables qui, soumis à un régime plus sévère, arriveraient plus facilement à se corriger. Du moins, ils ne risqueraient pas de vicier la volonté plus saine de leurs camarades, par une sorte de contagion morale, aussi réelle et non moins redoutable que la contagion physique. « Qui aime bien, châtie bien » dit l'Écriture ; et, à l'autre pôle, l'antichrétien Nietzsche répète : « Soyez durs, mes amis ! »

L'œuvre de l'éducateur serait bien incomplète, si elle se bornait à former le corps aux habitudes régulières, et à renfermer, dans de justes bornes, l'activité turbulente des enfants. Sa tâche n'est pas seulement répressive. Elle consiste, aussi et surtout dans le développement des qualités psychiques et des énergies mentales.

Pour l'acquisition des qualités proprement corporelles, l'École peut encore servir d'heureux correctif à l'éducation familiale, qui est exposée à tomber dans deux excès contraires, mais également funestes. Certains enfants, qui appartiennent surtout aux classes les plus pauvres, sont, en dehors de l'école, privés de toute surveillance et jouissent, par suite, d'une liberté pleine de périls. D'autres, au contraire, sont l'objet de la part de leurs parents et surtout de leur mère, d'une affection si timorée que, sous prétexte de dangers souvent imaginaires, ils sont condamnés presque à l'immobilité et à la réclusion. De là ces enfants trop sages qui ont peur de tout, et qui, habitués à voir toutes leurs velléités de mouvements réprimées, finissent par prendre leur parti de cette immobilité et deviendraient de petits êtres craintifs et faibles, si une aide extérieure ne les tirait point de leur langueur engourdissante.

Autrefois l'éducateur des enfants était appelé *ludi magister*, le maître de jeu. Et, en effet, une de ses principales occupations était, par des exercices réguliers, d'assouplir les membres des éphèbes, de fortifier leurs muscles, de donner au corps plus de vigueur, d'accroître les réserves d'énergie, parce que, sans la force, les qualités morales dont l'homme a surtout besoin, ne peuvent ni se maintenir, ni s'exercer. Les mêmes nécessités se font sentir à notre époque. Sur les bancs de l'école l'activité physique est suspendue, comprimée, tandis que le système nerveux est soumis à des efforts continus. Les programmes de l'enseignement primaire ont donc sagement fait de couper les exercices proprement scolaires par des récréations.

Mais ces récréations ne doivent pas être un simple repos pour l'esprit. Il faut aussi, d'une façon discrète, les faire servir au développement des qualités morales. Une des premières à acquérir, c'est l'énergie physique qui réside dans la puissance des organes, puissance qui s'obtient, suivant la loi de l'habitude, par la répétition des mouvements appropriés. Le maître n'a pas à imposer ces mouvements dans les leçons trop méthodiques d'une gymnastique ennuyeuse. Mais il encourage les jeux, les sports, les exercices physiques où, stimulés par l'attrait du plaisir, le corps se porte de lui-même à une activité variée et bienfaisante. La fatigue alors n'est plus sentie, et, par suite d'efforts plus longtemps soutenus, l'organisme se fait à l'endurance.

Dans ces jeux qui se passent en présence du maître, les graves dangers sont écartés, mais non les menus accidents : une éraflure de la peau, un genou écorché dans une génuflexion involontaire, un nez aplati dans une chute et qui verse quelques gouttelettes de sang. Si ces petites mésaventures s'étaient produites devant sa mère, l'enfant, assuré que ses pleurs provoqueraient sans aucun doute des effusions de tendresses et un débordement de cajoleries, n'aurait pas manqué de pousser ses cris accoutumés et de croire qu'il était perdu. Mais il est en présence de ses camarades qui, dans de semblables occasions, se gardent bien de pleurer et sont les premiers à rire d'un bobo insignifiant. Leur petite âme courageuse passe en lui et le porte à imiter leur calme. Il apprend ainsi, par l'application inconsciente d'une loi psychologique, à atténuer la douleur en réprimant toute manifestation inutile.

Cette leçon de courage est, d'ailleurs, complétée par le maître, qui s'est approché de l'enfant et qui, après avoir constaté que le cas ne présente aucune gravité, dit d'une voix calme et avec un demi-sourire : « Ce n'est rien, allez-vous laver à la fontaine ». De pareilles leçons, directes, appropriées aux circonstances, par suite essentiellement pratiques, servent plus, pour la formation des caractères, que la lecture ou le récit d'actions héroïques, dont la portée échappe à des enfants sans expérience en ces matières, et dont l'application reste lointaine et très problématique.

Les jeux sont aussi très précieux pour acquérir les qualités d'ordre librement voulu, de discipline et de hiérarchie consenties, d'entr'aide mutuelle, de solidarité reconnue, de concours de volontés tendant spontanément à un but commun. Ces qualités se développent surtout dans les jeux organisés, où se pratique une sorte de division du travail par l'attribution à chacun d'un rôle déterminé. Tels sont les différents sports anglais, qui se sont introduits en France et dont il serait puéril de restreindre l'extension, sous prétexte qu'ils sont d'importation étrangère. *Le football* est sous ce rapport un des meilleurs. L'autorité du capitaine est reconnue : ses ordres sont exécutés avec prestesse, avec entrain, avec le désir non pas seulement d'un succès personnel et égoïste, mais du triomphe de l'équipe dont on fait partie. Par des mouvements rapides et que l'habitude rend automatiques, chacun accourt là où son aide est utile : il prend ainsi une leçon de solidarité d'autant plus efficace qu'elle s'est glissée en lui sans qu'il s'en doute. D'autre part, la division en deux camps est très utile pour exciter l'émulation, qui donne aux facultés tout leur élan et à l'énergie toute son intensité d'action. Mais précisément la grandeur du désir pourrait faire dégénérer l'émulation en jalousie, et développer l'esprit de chicane, fertile en contestations, en injustices, en disputes. D'où l'utilité de l'arbitre qui tranche les difficultés et dont chacun s'habitue à respecter les décisions, malgré les tendances contraires de l'amour-propre. Cette subordination du jugement individuel à la décision de l'arbitre, qui juge les cas particuliers d'après la règle du jeu et qui les juge avec impartialité, est le meilleur apprentissage de la justice. Dans tout ceci, le rôle actif appartient à un écolier plus âgé et plus expérimenté. Mais l'influence du maître, bien qu'elle se disimule d'ordinaire et qu'elle n'apparaisse que dans de rares occasions, n'en doit pas moins rester dominante. Quand il ne commande pas ouvertement, c'est encore lui qui, d'une façon indirecte et cachée, met en jeu les ressorts de l'action : il joue alors le rôle d'Éminence grise.

Dans la culture intellectuelle, il y a tout un ensemble de qualités morales à faire acquérir. Qualités morales, cela veut dire qu'il ne faut pas confier à la mémoire un amas de connaissances dont l'emploi futur, pour beaucoup du moins, reste fort hypothétique, et qui se dissipent bien vite, quand elles ne sont pas d'un usage courant. Le but est de cultiver avec intelligence *les facultés elles-mêmes*, en leur imprimant une bonne direction et en leur conférant toute la puissance possible. Car les progrès ainsi réalisés s'incorporent, pour ainsi dire, à la constitution mentale et trouvent leur emploi dans toutes les circonstances de la vie. La valeur véritable de l'être s'en trouve accrue, et, par suite, l'enfant s'achemine vers ce bien moral que nous avons jugé supérieur à tous les autres.

Quelles sont donc ces qualités qui se recommandent par leur double valeur, intellectuelle et morale ?

Celle qu'il faut s'attacher tout d'abord à développer, c'est l'*exactitude dans l'observation*. Pour cela, le maître prendra soin de tenir les sens des élèves toujours en éveil, de les stimuler, de les habituer à s'exercer d'une façon méthodique. Pas de descriptions purement verbales, qui ont le grave inconvénient de loger dans la mémoire des mots vides de toute signification, ou associés à des réprésentations confuses et fausse. Des choses que l'enfant puisse goûter, odorer, palper, peser, presser, frapper, entendre, voir, et voir dans leurs détails, avec leur forme, leur structure interne, leur couleur : des choses dont les images pénètrent dans les esprits avec tout le cortège de leurs qualités réelles. — Quand les choses sont bien connues, les *comparaisons* deviennent plus faciles et plus sûres. A ce sujet, le maître habituera l'enfant à ne pas se lier à ses souvenirs, que le temps défigure si vite, et que la paresse et le désir risquent si souvent d'altérer. Mais il l'obligera à mettre les choses elles-mêmes en présence pour mieux distinguer les similitudes et les dissemblances, alors même qu'elles se déroberaient à un examen superficiel. — C'est ainsi que se forme un *jugement solide*, qui ne se laisse pas décevoir par les apparences des choses, ni piper par les illusions de rêveries trop complaisamment entretenues.

Ces progrès ne se réaliseront pas en un jour. L'écolier, même le mieux doué et le plus attentif, ne sera pas sans commettre des erreurs, erreurs qui, suivant le judicieux précepte de Descartes, viennent d'ordinaire « de la précipitation et de la prévention ». A propos de ces erreurs, le maître ne manquera pas de signaler les règles propres à en éviter le retour. Elles résident essentiellement dans ce précepte : En toute matière avant de se prononcer et de formuler un jugement, il faut attendre qu'une évidence pleine et entière se soit produite. Or, pour cela, il faut *réfléchir*, éveiller toutes les idées qui se rapportent à la question, en scrutant consciencieusement tous les coins de sa mémoire. Il convient surtout de s'habituer à faire surgir, au premier appel, les idées directrices, qui trouvent partout leur application et sans lesquelles il ne peut y avoir que confusion et erreur. Parmi tous ces principes, une place prépondérante devra être réservée au principe de raison suffisante, sous sa double forme, théorique et pratique. Il ne sera jamais trop tôt pour montrer aux enfants, par des exemples empruntés à la vie journalière, que rien ne se produit au hasard, mais que tout fait dépend d'un ensemble de conditions qui l'ont amené et l'amèneront toujours à l'existence. Soucieux de ne pas s'en tenir à la théorie, le maître s'attachera à signaler, au nombre de ces conditions et parmi les plus importantes, celles qui tiennent à l'intelligence et à la volonté humaines. Il montrera que par là l'homme est cause, et que, par suite, il est, en partie du moins, l'ouvrier de sa destinée.

Il ne suffit pas d'exercer, dans l'école, les facultés intellectuelles et de contribuer ainsi à leur développement, il faut de plus assurer la durée des acquisitions réalisées et préparer des progrès futurs. Cet important résultat sera obtenu par la stimulation des tendances naturelles qui portent l'enfant à considérer les choses nouvelles et à tâcher de les assimiler à d'autres mieux connues.

En un mot, il faut tenir en éveil la curiosité. Une précaution, cependant, est à prendre à ce sujet. C'est de ne pas aiguillonner au hasard cette curiosité native, mais de la diriger avec discrétion vers des connaissances qui servent moins à l'utilité pratique qu'à la formation des premiers linéaments d'un caractère moral.

Le bien-être, disait Aristote, est d'accomplir son œuvre propre. Le travail scolaire est l'œuvre propre de l'écolier. C'est donc à l'occasion de ce travail qu'il faut mettre en jeu toutes les tendances de l'activité et toutes les inclinations de la sensibilité.

Les Hébreux, fuyant l'Egypte, avaient, sous la conduite de Moïse, traversé le désert et supporté, sans trop d'impatience, leurs peines et leurs privations, parce qu'ils avaient confiance dans leur guide et qu'ils jouissaient, d'avance par la pensée, des joies de la Terre promise. Il en est de même des écoliers. D'eux-mêmes, ils ne se livreraient pas à des travaux réguliers, méthodiques, prolongés, pour recueillir plus tard des avantages dont ils ne soupçonnent pas l'importance. Pour leur faire traverser d'un pas allègre les landes arides et semées de buissons épineux qui constituent les premières provinces de l'enseignement primaire, il faut que le maître inspire une pleine confiance. C'est par elle que ses conseils seront suivis, que ses paroles prendront toute leur valeur et qu'elles imprimeront à l'activité intellectuelle un élan capable de surmonter tous les obstacles. La peine inhérente à l'effort ne sera plus sentie. Ainsi, avec la charmante ingénuité qui caractérise son âge, l'enfant, pour l'avoir entendu dire d'un maître aimé, trouvera du plaisir à fixer ses yeux sur les lettres de l'alphabet, à les combiner et à faire sonner d'une voix joyeuse les « ba, be, bi, bo, bu » ! Il en serait tout autrement, si l'enfant n'avait pas foi dans la parole du maître. Comment voulez-vous que je lui apprenne quelque chose ? il ne m'aime pas, disait Diderot en parlant d'un disciple qui avait échappé au charme de son caractère.

Pour se faire aimer, le meilleur secret est d'aimer soi-même, non de cette affection aveugle qui gâte plus qu'elle n'est utile, mais de cette affection éclairée qui veut le véritable bien de l'être aimé et qui en poursuit la réalisation avec fermeté et intelligence. Avec un tact fort sûr, les élèves reconnaissent la valeur d'une pareille amitié et se montrent pleins de zèle pour en recueillir les bienfaits. Le Maître devient alors une sorte de conscience objective qui règle toutes les pensées, tous les sentiments, toutes les actions. Le Maître enseigne ? Donc, ce qu'il dit est vrai, intéressant, utile. L'enfant écoutera sans distraction toutes ses paroles et tâchera de les loger fidèlement dans sa mémoire. Si on le lui commande, il alignera des chiffres sur le tableau noir, et, dans ses additions ou multiplications, mettra autant de soin à obtenir des résultats exacts qu'un général à préparer le plan d'une bataille. Pourquoi ces efforts, cet intérêt et même ces fortes émotions qui le font tour à tour pâlir de crainte, pleurer de honte et s'épanouir de joie, ces émotions qui sont les indices sûrs d'une grande activité intérieure et qui en sont aussi les stimulants ? C'est que l'arbitre, le juge infaillible du bien et du mal est présent ; c'est qu'il suit avec intérêt le travail de l'esprit, et que l'élève le sent toujours prêt à louer le succès, à encourager les progrès, mais, aussi, attentif aux fautes et n'hésitant pas à piquer de l'aiguillon d'un avertissement ou d'un reproche une pensée paresseuse ou distraite.

Mais, louer le succès est immoral, disent des pédagogues qui ne sont pas fâchés d'être loués pour cette belle maxime. L'élève doit s'habituer à trouver la récompense dans la satisfaction du devoir accompli. D'ailleurs, dans une société démocratique, la supériorité dans les diverses formes du talent constitue, aux yeux des Cléons modernes, une atteinte au principe d'égalité. Et il ne convient pas au maître d'aggraver, par ses louanges, cette injustice naturelle (1), injustice d'autant plus réelle que les qualités de l'esprit — forme actuelle de la noblesse héréditaire — s'obtiennent, comme celle-ci, par un être « qui s'est donné la peine de naître ».

A ces prédicateurs laïques de la doctrine du pur amour, on pourrait d'abord répondre par un argument *ad hominem*, en leur recommandant d'être moins sensibles aux louanges et de pratiquer, eux-mêmes, cette moralité transcendante qu'ils prescrivent à des enfants de moins de dix ans. Mais il y a mieux à faire. Pour rassurer leur conscience sur le désir, aussi vif que secret, de respirer l'encens de la louange, on peut montrer que la louange, quand elle se distingue de la flatterie intéressée et servile, est légitime, c'est-à-dire qu'elle est juste et utile à la réalisation du bien.

Dans une société démocratique, comme dans toutes les autres, il est de juste de distinguer le mérite, là où il existe. Car l'inégalité n'est pas le nivelage. En outre, ce serait une sorte de mensonge de mettre sur le même pied des esprits dont les différences éclatent en traits si manifestes, un mensonge qui choquerait

(1) Nous récompensons toujours le succès, c'est-à-dire justement ceux qui sont déjà récompensés par leurs facultés naturelles, de par leur intelligence supérieure à celle de leurs camarades. J. PAYOT, Solidarité à l'école primaire dans *Congrès international de l'Éducation sociale*. F. Alcan, 1901.

même les élèves intéressés à l'admettre, et qui diminuerait d'autant l'autorité du maître. Par son rôle même d'éducateur, il ne peut se dispenser de prononcer des jugements de valeur, d'approuver ou de blâmer, c'est-à-dire d'attribuer à l'auteur les mérites ou les défectuosités de son travail. Voilà pour la justice. Quant à l'utilité de la louange, elle n'est pas moins hors de doute. Elle forme, avec l'action supposée bonne, une sorte de couple où les deux éléments associés développent comme dans une pile, un courant d'énergie. Stimulée par l'idée de la louange, l'activité se porte, d'un élan plus vif et plus soutenu, à la réalisation des actes qui seront suivis d'un regard approbateur ou d'une parole encourageante. Par un effet bien connu de la loi d'association des idées, les deux choses, action et plaisir de la louange, seront tellement unies qu'elles ne pourront plus être distinguées. Comme un vase, qui a contenu quelque essence précieuse, en conserve le parfum, l'acte, tout pénétré des bonnes senteurs de l'éloge se fait aimer pour lui-même et garde tout son prix, alors même qu'il doit se produire sans témoin. Soumis à cette éducation tutélaire, l'enfant, fortifié moralement, appréciera le succès en lui-même, le succès privé de toute autre approbation que celle de la conscience. Mais ne l'oublions pas. La conscience personnelle n'est alors que l'écho lointain et oublié de la conscience collective, dont le maître a été autrefois l'interprète. L'esprit social est logé en nous, et c'est lui qui nous juge.

L'éloge a sa contre-partie, le blâme. Or, si le blâme est justifié à l'égard du distrait, de l'indolent, du paresseux, dont les facultés somnolentes ont besoin d'être réveillées par l'aiguillon, ne serait-il pas injuste de l'employer à l'égard de ces élèves dociles, qui semblent attentifs, pleins de bonne volonté, mais dont les efforts restent stériles ? Avant de s'abstenir du blâme, il faut tout d'abord s'assurer que l'effort est bien réel et que l'attention est plus qu'une apparence. Les yeux sont ouverts, mais souvent devant eux flottent de vagues images, qui recouvrent et déforment les choses ; les oreilles résonnent d'un bourdonnement confus de paroles, mais aucune idée, aucune image distincte n'arrive jusqu'à l'esprit, tout entier occupé de visions imaginaires. Des questions précises, posées à l'improviste, révèleront souvent la présence de ces fantômes de l'esprit et montreront que, sous une apparence d'attention, l'élève ne se livre à aucune dépense effective d'activité. Le reproche ne sera pas alors déplacé.

Supposons cependant que l'effort sincère n'aboutisse pas. Que faire ? Dans ce cas, le maître ne ferait pas mal de s'examiner lui-même et de soumettre à une critique impartiale ses procédés d'enseignement. Par cet examen de conscience pédagogique, il reconnaîtrait qu'un insuccès complet vient souvent d'un vice de méthode, ou du moins d'une méthode mal appropriée à un élève d'une intelligence plus lente. Il tâchera, alors, d'être plus clair, et le désir de favoriser cette bonne volonté, si méritoire dans son impuissance, lui donnera de l'ingéniosité pour faciliter ses progrès. La conviction d'avoir affaire à une énergie qui se dépense presque sans résultat, lui inspirera de la sympathie et lui dictera des paroles encourageantes. En tout cas, elle lui donnera une grande patience et éloignera de lui les reproches aussi inutiles qu'injustes. D'autre part, l'effort, ainsi reconnu et apprécié, conservera chez l'élève toute sa valeur et, plus tard, il pourra, lorsqu'il sera appliqué à d'autres choses, produire ses résultats ordinaires.

Un auteur contemporain (1) a dit : « L'éducation n'est complète que lorsque le conscient est passé dans l'inconscient. » Et encore : « On ne développe les qualités du caractère qu'en les exerçant. » Ces maximes renferment une très grande part de vérité. Et c'est d'après des principes analogues que nous avons recommandé, pour les premières périodes de l'enfance, l'emploi d'une méthode essentiellement pratique. Cette méthode est encore ici d'un grand usage. La vie scolaire fournit, à chaque instant et en foule, des occasions qu'un maître, habile ou simplement attentif, saura utiliser pour la création des bonnes habitudes. Et ces habitudes seront d'autant plus solides, tenaces et actives, qu'elles se seront élaborées plus lentement, par une longue accumulation de petites impressions, inaperçues mais sans cesse renouvelées. C'est bien de cette façon que l'habitude devient, suivant le mot de Pascal. « Une seconde nature qui se substitue à la première. »

Cependant, l'automatisme moral, qui ne serait en définitive qu'une sorte de dressage, ne suffit pas. Une activité normale, qui ne serait point protégée par des idées, serait menacée de destruction, dès qu'elle serait exposée au choc d'influences contraires. La vo-

(1) G. LENOX, *Psychologie de l'Éducation*, p. 204.

lonté et le sentiment, pour conserver toute leur force, doivent donc prendre leur point d'appui dans l'intelligence. D'où nécessité d'un enseignement moral proprement dit, un enseignement qui serve, d'une façon directe et explicite, à la formation d'une conscience réfléchie, c'est-à-dire, capable d'apprécier la valeur des actes et de porter la volonté à l'accomplissement du bien par autre chose que par l'impulsion aveugle d'une courte routine.

Cet enseignement ne doit, à notre avis, se donner ni de trop bonne heure, ni sous ce mode familier que préconisent les programmes universitaires. Donné de trop bonne heure, il ne serait point compris. De plus, il aurait le grave inconvénient de déflorer ces matières et d'émousser l'intérêt qu'elles pourraient présenter plus tard. La familiarité des entretiens est surtout à craindre. Elle est si proche de la vulgarité ! Or, il ne faut pas que, sous prétexte de rendre la morale accessible aux enfants, on l'abaisse et on la fasse descendre jusqu'à la puérilité et à la platitude. C'est l'enfant qu'il faut grandir et élever, dans les sphères supérieures, jusqu'à ces vérités sublimes. Aussi jamais on ne donnera à l'enseignement moral trop de dignité, trop de noblesse. Car c'est par là qu'il gagnera en respect et en autorité.

Pour auréoler la morale de toute sa majesté, il ne faudra pas s'adresser à l'intelligence toute nue, mais frapper les sens, intéresser l'imagination, émouvoir le cœur, user en un mot de tous les prestiges qui ont fait le succès des grandes choses et qui deviennent légitimes, lorsqu'ils sont les serviteurs du vrai et du bien. Pour mieux se pénétrer de l'importance de son sujet et pour se rappeler que sa plume ne devait rien écrire de vulgaire, Buffon ajustait à ses poignets des manchettes de la plus fine dentelle. C'est pour des raisons analogues que le magistrat revêt la robe et qu'il donne aux arrêts de la justice le plus de solennité possible. Est-il besoin d'ajouter que la force des impressions religieuses tient et a toujours tenu au costume, aux gestes, à la physionomie, aux chants, au caractère imposant des cérémonies extérieures ?

Eh ! bien, quelque chose de semblable devrait être tenté à l'école. Pour le maître comme pour les élèves, la leçon de morale aurait besoin de se détacher nettement des autres exercices scolaires. Il faudrait que le maître ne passât point, sans transition, d'une leçon de géographie ou de grammaire à cet enseignement, qui pour n'être pas trop indigne du but supérieur auquel on vise, réclame une préparation spéciale et l'emploi de forces intellectuelles, non épuisées en partie par un travail antérieur. D'autre part, les élèves devraient être préparés, par tout un ensemble de circonstances appropriées, à entendre quelque chose de nouveau, de supérieur, de particulièrement important.

C'est pour ces raisons qu'il me semble opportun de placer le cours de morale, un des deux jours de congé, soit le jeudi, soit le dimanche. Ce jour là la salle d'école, bien propre et même un peu parée, tâcherait en se dépouillant de son austérité purement scolastique, de prendre un peu du caractère, à la fois gracieux et imposant, des édifices consacrés au culte. Les enfants du cours supérieur, dont la tenue serait aussi plus soignée que d'ordinaire, viendraient sans autre livre que leurs livres de chant. Le maître, on pourrait presque dire l'officiant, exempt de toute préoccupation étrangère, bien pénétré de l'importance de son rôle, s'efforcerait de mettre en relief cette importance par un peu plus de solennité dans le costume, dans la démarche, dans l'attitude, dans la physionomie, dans le son même de la voix. Des chants, capables d'éveiller et de fortifier les grands sentiments, des chants étudiés à l'avance et bien sus, serviraient de prélude. Puis, après ces élans lyriques consacrés surtout à la glorification des héros en tous genres, viendrait le cours même de morale. Le mieux pour l'instituteur serait de lire, dans un des manuels autorisés par l'autorité académique, le développement des questions désignées dans le programme universitaire. Il ferait cette lecture avec le plus de conviction et d'intelligence possible, mais sans vouloir se livrer lui-même à une exposition personnelle. Car, privé de la longue préparation nécessaire pour se rendre maître de ces matières particulièrement délicates, il pourrait, s'il voulait parler de son propre fonds, ressembler à ces mauvais prédicateurs, qui par la faiblesse ou même la puérilité de leurs sermons, produisent un effet diamétralement opposé à celui que leur ignorante présomption leur faisait attendre.

Ce livre renfermerait non seulement une exposition didactique, mais aussi des récits, où les vices et les vertus, présentés sous une forme concrète, seraient mis vigoureusement en relief. Certains contes d'Alphonse Daudet, par exemple, seraient particulièrement capables d'impressionner de jeunes esprits et d'y laisser des traces durables (1).

(1) Voir en particulier dans les *Contes du Lundi* : La der-

Le rôle du maître se réduirait ainsi à des lectures, et à de courts commentaires, destinés surtout à attirer l'attention des élèves sur les points dont ils ne saisiraient peut-être point d'eux-mêmes l'importance. Ce rôle en aurait-il moins de valeur et d'efficacité? Loin de là. Il semble qu'il inspirerait plus de confiance. Tant que le maître parle en son nom personnel, il n'a qu'une autorité en rapport avec le mérite intellectuel et moral qu'on lui reconnaît. Or, cette autorité est affaiblie par un contact journalier, contact qui révèle nécessairement, même chez les meilleurs, des défaillances et des imperfections. Il n'en est plus de même, s'il parle au nom de cette sagesse humaine, fruit de l'expérience et de la réflexion des sages de tous les temps. L'individu est toujours exposé à la faute et sujet à l'erreur. La raison collective, composée de ce qu'il y a de meilleur dans l'humanité, se rapproche sans cesse de la perfection. A ce titre, elle peut être un guide sûr. Aussi, c'est derrière elle que le maître s'attachera à marcher, honoré de se trouver toujours en pareille compagnie, grandi d'être le porte-parole des sages de tous les temps. Plein de modestie, il se plaira à répéter : « Ce n'est pas moi qui ai trouvé ces belles maximes, je les ai reçues de mes maîtres. Et eux-mêmes, ils les avaient reçues d'autres penseurs, qui en avaient senti d'autant plus la justesse qu'ils avaient plus d'expérience et une plus grande force de réflexion. Je vous transmets à mon tour, le trésor de vérités qui m'a été confié, des vérités les plus précieuses de toutes, puisque, plus que toutes

nière classe ; La partie de billard ; Le mauvais zouave ; l'enfant espion.

les autres, elles peuvent contribuer à la valeur individuelle et à la grandeur sociale. »

Et cette modestie, qui ne sera pas exposée à la critique et à l'envie, inspirera mieux sans doute la foi,
l'espérancect la force : foi dans l'enseignement du
maitre, espérance du mieux, force pour l'accomplir.

CHAPITRE III

ECOLES DE FILLES

Le principe dominateur des sciences pratiques est que les moyens soient d'abord en rapport avec la nature des êtres à modifier, et ensuite qu'ils soient bien appropriés au but poursuivi. Or, au sujet de l'éducation des filles, il ne faut pas oublier que ni la nature de la femme, ni son rôle et sa destination ne sont les mêmes que ceux de l'homme.

Le premier point n'a pas été suffisamment mis en relief par une psychologie qui, à force d'abstraire et de généraliser, supprimait la vie réelle, pour en donner une apparence à ses fantômes de qualités abstraites, en même temps qu'elle effaçait des différences essentielles, dans des généralisations trop élevées pour ne pas perdre tout contact avec la réalité. Une psychologie, qui donne plus de place aux observations directes et attentives qu'aux simples souvenirs et aux combinaisons verbales, reconnaît et montre que les différences de sexe ne sont des quantités négligeables, pas plus au point de vue émotif, intellectuel et moral qu'à l'égard de la constitution organique et de la force physique. La femme vaut-elle mieux, autant, ou moins que l'homme? Là n'est point la question. Mais ce qui est manifeste pour tout esprit non prévenu, ce que l'on peut affirmer en toute sûreté, c'est qu'elle est différente.

Cette première assertion n'est même pas suffisante. Non seulement la femme se distingue de l'homme, mais, à voir les différentes influences sociales qui s'exercent sur elle, il y a lieu de distinguer, dans le genre total, des espèces, ou, si l'on veut, des catégories, déterminées par le milieu, le rôle et la condition sociale que les probabilités de la vie lui réservent. Quelle différence entre la villageoise et la citadine, alors même qu'elles sont de condition sociale équivalente ! L'une est appelée à se développer en plein air, dans les grands horizons un peu monotones, occupée aux travaux rustiques, exposée à la pluie ou au soleil, menant de front les occupations ménagères et les soins de la ferme. L'autre, que le hasard a fait naître dans quelque agglomération urbaine et que la situation de ses parents condamne à la pauvreté, sera de bonne heure exposée à toutes les séductions de la rue : riches devantures des magasins, luxe des équipages et des toilettes, affiches multicolores, échos retentissants de fêtes multiples et proches. Plus tard, ouvrière de manufacture, elle n'aura pour vision ordinaire que des murs nus et tristes, et, pour prix d'un labeur obstiné, elle ne recevra qu'un salaire à peine suffisant pour vivre... Le contraste s'accroît encore, quand on met en opposition la rustique fille des champs qui va à l'école en sabots et la riche héritière qui se rend à ses cours en automobile.

Aux siècles précédents, ces dernières, comme des

fleurs aux corolles éclatantes, ont surtout attiré l'attention des éducateurs. A notre époque, on a mieux compris que les favorisées de la fortune ne sont pas, seules, dignes d'intérêt. Rien de vil, disaient les Stoïciens, dans la demeure de Jupiter. Et nous dirons, à notre tour, que, dans nos sociétés modernes, aucune classe n'est à dédaigner. Les plantes les plus belles ne sont pas les plus utiles. De même, les travailleuses de la campagne et de la ville ont une grande valeur. C'est donc sur elles qu'il faut jeter un regard sympathique et attentif, afin de contribuer par là à leur développement moral, et, par suite, à leur bonheur personnel, ainsi qu'à la prospérité sociale.

Commençons par l'école de village.

SECTION I. — Ecoles de filles dans les villages.

Les écoles de filles doivent être, à moins de cas exceptionnels, séparées des écoles de garçons.

Mais par qui demandent-elles à être dirigées? Un homme montrerait plus de fermeté. Et, comme les qualités masculines manquent un peu à la femme, il semblerait plus particulièrement propre à réparer ces insuffisances, à mettre, en particulier, plus d'équilibre entre le cœur et la raison. L'expérience — très restreinte, il est vrai — paraît confirmer cette thèse. Les femmes qui ont montré le plus de solidité d'esprit ont dû souvent leur supériorité aux conseils, à la direction, à l'influence d'un homme, père, époux ou amant (1). Cette expérience est loin d'être con-

(1) Mme de Sévigné eut pour précepteur Ménage ; Mme de

cluante. D'abord ces exemples ne s'appliquent qu'au développement des qualités intellectuelles. Or, ici, il s'agit du développement des qualités morales, ce qui n'est pas la même chose. Puis, l'influence s'exerçait sur des personnalités isolées, dont il était possible, par des rapports continuels et prolongés, de bien pénétrer la nature. A l'école, l'action doit porter sur un assez grand nombre d'élèves, dont il n'est pas aussi facile de démêler les différences de caractère.

Mais une objection plus décisive peut encore être soulevée. On ne connaît bien les passions, dit-on, que si on les a éprouvées. La vérité de cette pensée s'étend à toutes les dispositions intimes qui se cachent dans les consciences étrangères et ne se révèlent que par de faibles indices. Or, il faut avoir subi ces états intérieurs, il faut en avoir remarqué en soi-même les manifestations fugitives, pour en saisir chez les autres les signes, révélateurs certains de la réalité intime qui cherche à se dissimuler. C'est donc la femme qui pénètrera le mieux à travers les voies obscures de cette âme de fillette qu'elle a été et dont elle peut faire revivre le souvenir. C'est elle aussi qui connaîtra les meilleurs moyens de perfectionnement, parce qu'elle en aura éprouvé la force sur elle-même et que, par les confidences de ses amies, elle aura pu en constater, chez les autres, l'ordinaire efficacité. Au contraire, par une illusion naturelle, l'homme serait porté à demander à la petite fille un genre de qualités et une somme d'efforts, dont la nature fémi-

Maintenon épouse de Scarron, avait vécu dans un milieu littéraire ; Mme Staël, G. Sand...

nine est plus ménagère. De sa main rude, avec les meilleures intentions du monde, il risquerait de briser des ressorts dont il a méconnu la délicatesse. Une femme, qui est la première à sentir les bornes de ses capacités, ne demandera pas l'impossible. Et ses exigences réduites auront plus de succès.

A cette double condition, toutefois. C'est que les maîtresses seront des éducatrices laïques, vivant dans le monde et en connaissant, par suite, les difficultés, les dangers, les écueils, mais aussi les ressources. C'est aussi qu'elles seront des éducatrices professionnelles. La mère a une affection trop concentrée pour garder le calme, la mesure, la régularité, indispensables dans toute éducation. Fâchée de voir sa fille mal répondre à ses hautes, trop hautes espérances, elle se guindera dans une sévérité excessive. Puis à la vue de la tristesse et des pleurs de sa fille, elle tombera, prise de remords, dans l'excès contraire et tâchera de réparer son injuste dureté par des prodiges d'indulgence. Les nécessités bienfaisantes de la profession obligent la maîtresse à dompter ces caprices d'une impressionnalité trop vive. Aux premiers spectacles que lui offrent des cadavres humains disséqués dans l'amphithéâtre, le jeune étudiant en médecine ne peut souvent réprimer le frémissement de ses nerfs, et repousser la syncope qu'il sent prochaine. Plus tard, il se familiarise avec toutes ces choses répugnantes ou terribles, qui avaient secoué si fortement sa sensibilité. Sa main ne tremble plus, et son intelligence, que ne trouble plus l'émotion conserve sa lucidité dans les opérations les plus dangereuses. L'institutrice bénéficie de grâces d'état analogues. Elever les autres, c'est s'élever soi-même.

Par suite, l'institutrice, désireuse de corriger les imperfections propres à la nature féminine, devra donner l'exemple des qualités contraires, et elle sera amenée par là à les acquérir et à les développer.

Si elle ne veut point que l'école soit un enfer pour elle, elle s'attachera à émousser les pointes trop vives de sa sensibilité. Elle ne s'affligera pas, outre mesure, des misères inhérentes à son métier. Les bavardages d'une petite fille, sa dissipation, ses étourderies, l'impertinence de son sourire en réponse à une réprimande, ou l'abondance de ses larmes et l'éclat de ses sanglots à la suite d'une petite punition, ne lui causeront pas d'émotion trop profonde. En tout cas, elle se gardera bien d'en laisser paraître les traces au dehors. Car les enfants -- cet âge est sans pitié — ne manqueraient pas de se réjouir de cette peine, qui serait leur œuvre et la manifestation de leur puissance.

La femme est souvent un être de passion qui, tour à tour, s'éprend de tendresse et s'abandonne à ses antipathies. Les affections, qui ne naissent pas toujours de causes liées au mérite, blessent chez les élèves le sentiment de la justice. Quant aux élèves, qui sont ou se croient victimes d'antipathies peu justifiées, elles deviennent facilement des rebelles, toujours prêtes à saisir l'occasion de montrer leur mauvais vouloir.

Rien de plus contraire à l'autorité qu'une direction capricieuse. Or, les habitudes professionnelles tendront à corriger les dispositions naturelles à la légèreté. La mobilité d'esprit et d'humeur naît de la variété des choses extérieures, dont les chocs successifs se font profondément sentir sur les natures impressionnables. L'institutrice échappera encore à ce danger, par la régularité de ses occupations scolaires et par l'uniformité bienfaisante des choses qu'elle voit à l'école.

Un auteur inconnu — car on n'est pas sûr que le mot doive être attribué à Malebranche — a dit : « L'imagination est la folle du logis ». De tous les logis qu'il habite, un de ceux qu'elle affectionne surtout c'est une tête de vingt ans, et on peut ajouter sans trop de témérité, une tête féminine. Certes, les jeunes institutrices ne sont, pas plus que les autres femmes, à l'abri de cet hôte, fou sans doute, mais d'une folie si séduisante ! Et cependant, chez une institutrice de village, les rêves de fortune ou d'ambition mondaine trouvent de si maigres aliments qu'ils se rapetissent bientôt et se réduisent, en peu de temps, aux proportions d'un destin borné, modeste et fixé. A voir autour de soi des réalités mesquines que ne traverse jamais l'éclair de hautes fortunes imprévues, à sentir peser sur soi les nécessités d'une vie dont toutes les étapes sont connues à l'avance, la jeune femme trouve le calme de l'esprit et, par là même, devient plus capable de l'inspirer à ses élèves, qui auront, elles aussi, à se contenter d'un sort modeste. De moins en moins elle accordera de foi à la chance, à cette rencontre extraordinaire d'événements, qu'on appelle le hasard. Et, à mesure que se réduira la part du rêve, le sentiment du réel et de la liaison logique des choses s'affermira. A la ville, où les habitants ne sont souvent que des hôtes de passage, les événements, détachés de leurs antécédents, restent incompris et semblent se produire capricieusement. Dans les petites bourgades, il n'en est pas de même, mais l'histoire de chaque famille, fixée depuis longtemps dans le pays, est connue dans ses détails. De ces biographies comparées se dégagent des rapports de dépendance entre les réalités actuelles et les antécédents passés. Le caprice tend à être éliminé en faveur de liaisons, sinon constantes, du moins ordinaires. Et cette connaissance est une acquisition précieuse, car elle est un des éléments essentiels de la raison.

Et, en effet, quand cette idée de liaison a bien pris racine dans l'esprit, elle donne naissance à la réflexion et à la prudence. Puisque un acte est gros de conséquences, il faut, avant de l'accomplir, mesurer ses effets probables, le peser en lui-même et dans ses résultats immédiats, mais encore dans la série, parfois fort longue, des biens et des maux qu'il engendre d'ordinaire. Voilà ce qui sert de frein à une volonté trop rapide, voilà ce qui est capable de réprimer les élans d'une activité qui, sans cela, serait portée à réagir avec l'instantanéité du reflexe, sous le coup de fouet du désir.

Ces dispositions à la réflexion se développent encore chez l'institutrice de village, grâce à l'influence de programmes arrêtés, de règlements fixes et d'inspections vigilantes. Cependant, pour que ces inspections aient toute leur valeur, il faut qu'elles portent exclusivement sur les qualités professionnelles, et non sur des éléments étrangers au mérite pédagogique. Tout serait perdu, ou du moins, gravement compromis, si les institutrices — qui restent femmes — pouvaient espérer ou craindre que l'inspecteur serait moins sensible à la bonne tenue d'une classe, qu'au charme d'un sourire et d'un battement de paupière expressif. Donc, pas de cote d'amour. Le moyen d'en

éviter la réalité ou le simple soupçon, c'est de confier
les inspections primaires dans les écoles de filles, non
à des hommes, mais à des femmes.

Supposons la maîtresse pourvue de ces qualités,
dont une préparation aux examens sagement dirigée a
d'abord favorisé la naissance, et qu'ont ensuite développées les exigences professionnelles. Vers quel
but va-t-elle orienter ses efforts ? Quel sera le principe qui devra faire l'âme de son enseignement moral ?

L'idée directrice, qui devra toujours rester présente
à son esprit, c'est qu'elle n'a pas à former de ces
femmes éthérées, qui touchent à peine à la terre, dont
la principale occupation est de ne rien faire, et qui
n'ont à déployer toute l'ingéniosité de leur esprit que
pour remplir de soins frivoles le vide de leur existence. Que la maîtresse soit d'origine paysanne ou citadine, elle doit mettre sous clé les oripaux clinquants
du faux idéal romanesque, et songer aux réalités prochaines qui attendent les petites filles assises sur les
bancs de son école. Que, loin d'affecter du dédain à
l'égard de ces réalités, elle apprenne à les estimer
comme les sources fécondantes de la vie, à les aimer
comme pénétrées d'une beauté saine, dont le spectacle, éternellement répété, ne lasse jamais.

Pour découvrir cette beauté dans les spectacles de
la nature, elle n'aurait, dans ses promenades le long
des ruisseaux ou à l'ombre des bois, qu'à laisser chan-
ter en elle la voix des grands poètes qui se sont plu
à célébrer les charmes de la vie des champs. Mais la
la poésie n'est peut-être qu'un mirage, dont les couleurs s'effacent, dès qu'on voit les choses de plus près.
C'est à la raison du philosophe moraliste qu'il appar-

tient plutôt de montrer que toutes les occupations saines, utiles, nécessaires, peuvent se rehausser d'une idée et d'un sentiment qui inclinent doucement la volonté vers elle et l'y attachent par les liens solides et doux de la sympathie.

La première idée capable d'« intellectualiser » la tâche quotidienne, c'est l'idée de nécessité vitale. Il faut vivre, et c'est encore à la campagne que la vie est la plus saine. Pas de ces misères noires comme dans les centres populeux ; mais la vie au grand air, une nourriture non frelatée, la vie en famille, des rapports amicaux avec les voisins, des échanges de services avec la plus grande partie des gens du village, toujours disposés à se prêter mutuellement assistance, sans y être contraints par la menace de « la chasse aux renards ». A la campagne, la femme n'est pas asservie à des besognes fatigantes de monotonie. Elle passe sans cesse d'une occupation à une autre, et cette variété, qui s'offre à elle sans qu'elle ait besoin de la rechercher péniblement, chasse mieux l'ennui que toutes les mondanités superficielles. D'ailleurs, cette variété n'est pas tellement pressante qu'elle ne laisse place au repos, à de délicieux moments de repos. La pastoure, qui conduit les bêtes aux champs, n'a pas de grands efforts d'imagination à faire pour se représenter qu'elle est à la promenade, accompagnée de son chien fidèle, et que les prairies bordées de saules ou les friches ensoleillées valent mieux que les jardins étriqués de la ville. Elle peut de plus avoir le sentiment de faire œuvre utile, et donner ainsi à son plaisir plus de solidité. C'est ce sentiment d'utilité, de bonté effective, de bienfaisance en action, qui, sagement entretenu, peut, en général, relever toutes les occupations ménagères, et donner à celle qui les accomplit une légitime fierté. La Fontaine l'a bien vu dans sa fable de *Perrette et le pot au lait*. Et si, pour les besoins de sa moralité, il a voulu mettre en relief les excès du rêve, bâtisseur de châteaux en Espagne, il est permis de refaire le rêve des Perrettes villageoises et démontrer que, renfermé dans les bornes du bon sens, il peut être une source vive de joie et de beauté.

Tout le secret de la poésie réside, on le sait, dans l'art d'évoquer des images qui dépassent la sensation brute, l'embellissent et parfois, grâce à une magie qui lui est propre, arrivent à la transfigurer. C'est ainsi que, sur des ruines recouvertes de lierre et de mousse, le poète fait voltiger les fantômes du passé, les anime, les fait de nouveau penser, sentir, se passionner, s'émouvoir et agir ; c'est ainsi qu'il crée, pour l'esprit, de la vie là où les yeux n'aperçoivent qu'un amas de pierres inutiles. L'intérêt que la poésie suscite, vient non seulement des figures qu'elle fait flotter devant l'imagination, mais aussi et surtout des idées et des sentiments qu'elle suggère. Le poète et l'artiste sont des interprètes de la nature. Ce que les choses expriment dans un langage obscur, ils le disent d'une voix plus claire et ils le manifestent en des symboles plus frappants.

Eh ! bien, la moralité est capable de produire quelque chose de semblable ou même de supérieur. Tout le secret consiste à associer de belles images et de bons sentiments à des actions peut-être vulgaires, mais à coup sûr d'une haute utilité et imposées par le devoir, c'est-à-dire, par les exigences reconnues de la vie. L'Hindou arrive à professer un véritable culte pour la vache nourricière, qui, en retour de la rosée vivifiante de son lait, n'a pas à pousser des meuglements de désespoir dans les tueries officielles, mais qui reçoit, partout et jusque dans les temples, du riz et des fleurs. Guidée dans une voie analogue, la jeune villageoise apprendra à ne pas maltraiter les animaux domestiques que Michelet appelait avec raison « nos frères inférieurs ». Elle les soignera avec patience, avec douceur, avec amour, pourvu qu'elle entretienne en elle l'idée de tous les services qu'ils rendent. Il est même des besognes qui, en elles-mêmes, choquent les sens, mais dont la répugnance peut être vaincue, à la pensée qu'elles conduisent à des résultats utiles, qu'elles servent à répandre, autour de soi, chez des êtres aimés, un peu plus de bien-être et de bonheur. Animée de ces sentiments, la paysanne, chaussée de ses sabots, ira allègrement dans l'écurie traire le lait de ses vaches, et, sans même sentir l'odeur du fumier, fera, de ses doigts empressés, sortir des mamelles, comme d'une source de vie et de richesse, les gouttes de santé et de joie.

Faire aimer la campagne, le genre de vie et les travaux qu'elle impose, tel est donc le principe fondamental qui doit, au village, diriger l'éducation dans les écoles primaires de filles. Toutes les qualités à développer chez les jeunes villageoises dérivent de là.

L'institutrice s'attachera tout d'abord à entretenir, chez ses écolières, un corps robuste, souple, doué de ce genre de beauté qui vient de la santé. Elle se gardera bien de vanter, comme l'idéal de la beauté féminine,

la pâleur de ces figures qui redoutent le hâle du soleil, ou la sveltesse de ces tailles que le corset emprisonne et rend incapables de se courber. Elle
songera que la paysanne est la vraie conservatrice de
la race, et que, pour maintenir l'antique vigueur française, il ne faut pas seulement de ces femmes affinées,
mais délicates et nerveuses, que tout fatigue, qu'un
rien irrite, qui sont prêtes à s'évanouir à la moindre
incommodité, véritables sensitives qui poussent des
cris à la vue d'un papillon blessé et qui ne voient
dans la maternité que les souffrances à supporter.

Le milieu, du reste, est très favorable à ce développement si nécessaire de la force physique. L'institutrice n'aura, sur ce point, qu'à ne pas contrarier des
tendances naturelles par des paroles imprudentes ou
par des attitudes qui révèleraient de secrètes répugnances pour cette beauté rustique, qui n'est pas toujours la sienne, mais dont ses devoirs professionnels
l'obligent à reconnaître la valeur. Comme moyen pratique de donner de bonnes habitudes corporelles, elle
obligera les petites filles, dont la charpente osseuse
est moins forte que celle des garçons, à se tenir bien
droites. Elle veillera surtout à ce que, dans les exercices d'écriture, les élèves ne se couchent pas sur le
papier, qu'elles ne prennent point des attitudes ridicules et, de plus, si nuisibles qu'elles peuvent parfois
causer une irrémédiable déformation de la taille. Puis,
elle fera pratiquer un peu de gymnastique suédoise
pour assouplir, par des mouvements naturels mais
plus méthodiques, le jeu des articulations, et pour
donner un peu plus de grâce à des corps qu'une santé
trop robuste menacerait d'alourdir. Les promenades

en plein air, à travers les champs et les prés, feront le reste, sans que la maîtresse ait besoin d'intervenir.

La force physique est, pour la femme ainsi que pour l'homme, la base de tout. Sans elle, ni équilibre intellectuel, ni équilibre moral. Mais la santé n'est pas tout. La tâche la plus délicate est de développer les qualités morales et de former les bonnes habitudes du cœur, de l'esprit et de la volonté, qualités et habitudes qui puissent, le plus exactement possible, se rapporter à la condition probable de la villageoise.

Par des dispositions innées, les petites filles sont portées plus que les garçons, à donner de l'attention aux soins corporels, à la propreté des mains, du visage, de la chevelure, ainsi qu'à celle des vêtements. Cependant, à la campagne cette propreté est plus difficile à conserver, parce que les rues sont mal nettoyées et que les intérieurs sont, sous ce rapport, négligés en faveur d'autres occupations plus pressantes. La maîtresse, pour remédier à ce défaut, fera bien d'insister sur l'importance de la tenue extérieure qui est le plus souvent l'indice des qualités ou des défauts internes. Veiller sur sa tenue, c'est façonner son personnage extérieur d'après l'idée qu'on veut donner de soi ; et cette idée, toujours présente, parce qu'elle est toujours rappelée, aspire de plus en plus à devenir une réalité. Car l'hypocrisie n'est pas naturelle, et c'est par un perpétuel effort de surveillance sur soi, qu'on joue avec quelque succès la comédie du mensonge. La bonne tenue conduira à la réserve dans l'attitude, dans la démarche, dans les mouvements, dans les gestes, dans les regards qui sont, suivant une expression commune mais très juste, des « miroirs de l'âme ». Insensiblement cette réserve s'étendra à la parole, et, comme les paroles ne sont que des pensées et des sentiments extériorisés, elle finira par pénétrer dans l'intimité de la conscience.

Pour obtenir de pareils résultats, la maîtresse se gardera bien de démontrer à grands renforts d'arguments utilitaires la nécessité pour la femme de la réserve dans les attitudes et le langage. Elle sait que ce sont les premières barrières que la femme doit imposer à ses propres désirs, et surtout aux élans impétueux de la passion et parfois des appétits brutaux de l'homme. Elle sait que la modestie, la délicatesse, la chasteté, n'ont été appréciées et honorées dans tous les temps que parce qu'elles confèrent à la femme son charme, sa puissance et sa dignité. Elle sait toutes ces choses, mais elle ne les dit pas, elle n'a pas à les dire. Elle commande, et, suivant que ses ordres sont suivis ou non, elle gronde, blâme, punit, ou approuve, loue et récompense. Grâce à cette méthode, la petite fille, sans qu'elle s'en doute, contracte de bonnes habitudes, et, comme elle n'en a point vu la naissance, elle les prend pour des dispositions naturelles, d'autant plus respectables.

L'enfant, dominé par les influences extérieures sans cesse changeantes, est mobile, léger, capricieux. La petite fille, douée d'une impressionnabilité plus vive que le petit garçon, est plus particulièrement à la merci des circonstances qui l'assaillent du dehors. Des images variées se succèdent avec rapidité dans la conscience, et, comme chacune est isolée et domine tour à tour, elle engendre des désirs qui, ne rencontrant pas d'antagoniste, se transforment aussitôt en actes, mais en actes qui forment une série incohérente. Elle est en train d'écouter une leçon de sa maîtresse, mais qu'une mouche vienne à bourdonner, et son attention se dissipe. Elle tourne la tête, elle cherche avidement l'insecte des yeux et se passionne pour savoir s'il s'éloigne ou s'approche. Elle rit, à moins qu'il ne lui prenne fantaisie d'avoir peur et de prendre de petites mines effrayées. La maîtresse la rappelle à l'ordre. La voilà bouleversée par cette gronderie. Elle pleure, et, si sa voisine vient à la pousser du coude, elle se retient à peine d'éclater de rire. Très peu maîtresse de ses émotions, elle l'est encore moins de sa langue. L'ordre logique chez elle est renversé. Ce n'est pas l'idée qui engendre le mot, c'est le mot qui précède et qui va si vite, si vite que l'idée reste loin derrière et n'est pas toujours visible.

Comment remédier à ces défauts? Ici encore, les entretiens familiers et les questionnaires ne serviraient qu'à mieux mettre en action et, par suite, qu'à favoriser un bavardage déjà trop naturel. C'est par la pratique de la vie scolaire qu'il sera possible de réprimer cette impulsivité et de mettre quelque stabilité dans une activité un peu trop « ondoyante et diverse ». La marche est toujours la même : faire le siège de l'extérieur pour pénétrer plus sûrement dans la place. Exiger tout d'abord l'immobilité, le silence, un travail régulier, coupé des repos nécessaires, mais poursuivi avec soin pendant toute la durée de l'exercice. Rester indifférente aux minauderies, aux gentillesses apparentes, et surtout aux larmes, qui sont souvent une comédie et que la petite fille emploie naturellement, comme des armes dont d'innombrables générations féminines ont éprouvé la puissance.

Ce n'est pas qu'il faille viser à en faire des sortes de stoïciennes, froides, insensibles et partant peu aimables. La réforme, en supposant qu'elle puisse aboutir, serait pire que le mal. Mais, à notre époque, où la femme, à tort ou à raison est moins maintenue dans les cadres de la famille, il y a lieu de favoriser en elle, de bonne heure, la formation d'une personnalité plus capable, à l'occasion, d'une activité indépendante quoique toujours réglée. Beaucoup de petites villageoises sont destinées à quitter leur famille, pour aller à la ville, dans des maisons étrangères, servir comme domestiques. Leur gentillesse, leur amabilité, une sensibilité qui s'émeut trop facilement, des sympathies trop promptes à s'éveiller ou à se manifester, toutes ces choses constitueraient autant d'imprudences, qui exposeraient ces isolées à tous les dangers de la séduction et aux suites ordinaires qu'elle entraine. Les tendances à compter moins sur soi-même que sur les autres, demandent donc à être restreintes.

Le meilleur préservatif à ce sujet est de donner une place prépondérante à la réflexion. C'est par cette habitude de la réflexion que les êtres et les faits sont appréciés à leur juste valeur, et que les désirs, arrêtés au passage, n'amènent point, par une sorte de déclanchement subit, des actes féconds en regrets et souvent irréparables.

Mais comment établir cet utile contrepoids de la réflexion à la mobilité et à la légèreté naturelle de la petite fille ? C'est en se conformant à l'excellent précepte que donne Fénelon dans les passages suivants de l'*Education des Filles* : « Montrez à l'enfant *toujours l'utilité* des choses que vous lui enseignez ; faites-lui en voir l'usage par rapport au commerce du monde et au devoir des conditions... Il faut leur *rendre raison* de tout ce qu'on leur enseigne. C'est, direz-vous, pour vous mettre en état de bien faire ce que vous ferez un jour ; c'est pour vous former le jugement ; c'est pour vous accoutumer à bien raisonner sur toutes les affaires de la vie. » Et, en effet, montrer l'utilité future d'actions, qui peuvent être sur le moment maussades et fatigantes, c'est apprendre à ne point juger les choses sur l'apparence, mais à les examiner dans leur nature cachée et dans leurs conséquences lointaines. Le mal présent peut donc être un bien. La maîtresse saura aussi saisir l'occasion de dégager la réciproque. Elle montrera, par des exemples familiers à l'enfance et empruntés de préférence à la vie scolaire, que le plaisir actuel est loin d'être la marque certaine du bien véritable, de celui qui ne se flétrit pas « comme l'herbe des champs ». Dans le cours supérieur, elle pourra dans ses exemples franchir le seuil de l'école et faire entrevoir les réalités de la vie. Par ces prévisions de l'avenir, l'imagination de la fillette sera mise en mouvement, mais une imagination réglée qui se pliera à la réalité et qui évitera le ridicule de vouloir façonner le monde d'après des rêves impossibles.

Cette forme de l'imagination n'est autre chose que le jugement ou le bon sens, faculté particulièrement précieuse pour la conduite de la vie. Avoir du jugement, montrer du bon sens, c'est ne pas prendre l'accident pour l'essentiel, ne pas confondre l'exception avec la règle, ne pas ériger en une probabilité et presque une certitude, une rencontre fortuite et presque extraordinaire de circonstances.

C'est par cette raison affermie que la petite villageoise apprendra à faire un bon usage de ses qualités et saura plus tard les approprier à sa condition. Un des résultats les plus bienfaisants et pour elle et pour la Société serait obtenu, si on pouvait lui persuader que son bonheur ne réside pas dans la ville lointaine, mais qu'il est tout près d'elle, dans ces horizons étroits où ses aïeux ont grandi, travaillé, aimé, supporté des peines modérées, mais goûté aussi des joies calmes et durables ; où leurs ombres, faciles à évoquer, circulent à travers les chemins et les champs, ombres sympathiques qui inspirent le courage de lutter contre les épreuves inévitables de la vie et qui donnent l'espoir d'une existence tranquille... Qu'elle reste au village !

SECTION II. — Ecoles de filles dans les villes.

On peut conseiller à la petite villageoise de fuir la ville et les dangers qu'elle présente. Mais un Fénelon ou quelque autre créateur de Salentes imaginaires oserait seul recommander de « transplanter dans la campagne les artisans de la ville », afin qu'ils élèvent « leurs enfants au travail et au joug de la vie champêtre ». Quoi qu'en dise Fénelon, les ouvriers ne seraient pas « ravis » de cette transplantation. En tout cas, ils ne paraissent pas disposés à réaliser, de leur plein gré, une pareille émigration. D'ailleurs, comme l'époque des décrets despotiques n'est pas près de luire, il faut accepter, comme fait le plus ordinaire, le séjour dans les centres urbains des filles qui sont nées à la ville et qui y ont grandi.

Puisque cette condition s'impose et, avec elle, toutes les difficultés qui en dépendent, l'éducation, — qui est l'art d'accommoder la conduite aux exigences vitales et sociales —, devra prendre dans les écoles urbaines une orientation spéciale : celle qui conviendra le mieux, d'une part, pour protéger la jeune fille contre des périls inévitables, d'autre part, pour tirer le meilleur parti possible des avantages que le séjour dans les villes ne manque pas d'offrir.

Parlons d'abord des dangers.

Au village, tout le monde se connaît. Une jeune fille ne songera guère à se pavaner sous un beau costume pour faire croire qu'elle appartient à une famille riche et distinguée. Des sourires moqueurs ou même des apostrophes railleuses lui apprendraient bien vite qu'elle risque, sans profit, de salir ses bottines et de gâter ses jupes, à travers les rues boueuses que sillonnent parfois les méandres d'un noir purin. Au contraire, dans une ville, si peu qu'elle soit populeuse, l'illusion est possible et l'imagination, excitée par les désirs juvéniles, la considère comme certaine. La jeune fille, férue de cette idée, s'efforce de paraître au-dessus de sa position réelle, afin de rencontrer quelqu'un de ces princes charmants que toute héroïne de roman finit toujours par trouver. Elle voit, dans les rues, des bourgeoises porter des toilettes luxueuses et elle pense, non sans raison, qu'elle les porterait souvent avec plus de grâce. Parfois sa profession l'oblige à manier des robes de velours ou de satin, et le désir de s'en parer devient plus pénétrant. La modiste surtout, qui a l'occasion de frôler toutes les élégances, pense, en chiffonnant les fanfreluches d'un chapeau, qu'une guirlande de fleurs ou une plume de la couleur à la mode lui donnerait un air « très distingué ». Et les voilà toutes qui rêvent aux moyens d'obtenir ces parures qui feraient si bien valoir leur beauté.

A force de rêver, elles trouvent. Mais ces moyens ne sont pas toujours avouables. De là, des habiletés, des ruses, des artifices, en un mot, un manque de sincérité et dans les paroles et dans les actes. Or, le mensonge est, en même temps, un effet et une cause du mal. La jeune fille ne croyait d'abord, par ses recherches de coquetterie, que mettre mieux en valeur ses chances. Mais, après avoir longtemps confié à sa bonne fortune le soin d'amener à ses pieds le mari idéal des feuilletons, celui qui la logerait dans un château et qui l'habillerait en princesse de la finance, elle se lasse d'attendre. Elle compte moins sur le hasard, et elle met davantage du sien. Elle se montre alors plus volontiers souriante, gracieuse. Ses yeux parlent un langage si net que les admirateurs deviennent plus nombreux et plus empressés. L'histoire commune — qui hélas ! n'est pas celle du roman — se renouvelle une fois de plus. Elle prête l'oreille à des promesses plus ou moins sincères, mais qui le plus souvent ne sont pas tenues par le séducteur, quand sa passion s'est calmée et lui a permis d'apercevoir les suites fâcheuses de ce qu'il appelle allègrement sa toquade d'un jour.

Un autre inconvénient du séjour dans les villes, c'est que la jeune fille y est assaillie, à chaque instant, par les tentations les plus variées et les plus fortes. Au village, les situations ne présentent pas entre elles de grands écarts, mais elles se tiennent d'ordinaire dans une médiocrité accessible à toutes. Dans les villes, les intervalles sont considérables et l'extrême luxe cotoie l'extrême misère. Or, quand les désirs sont sans cesse surexcités par la vue des biens qu'on juge supérieurs, comment se satisfaire d'une vie étroite, mesquine, dont toutes les petitesses s'exagèrent par le contraste et sont d'autant mieux senties qu'elles sont, à chaque instant, l'occasion de plus de blessures d'amour-propre ? Le spectacle des bas-fonds n'est pas moins dangereux, mais pour d'autres raisons. Les déchéances morales, compagnes trop fréquentes de la misère, sont si profondes qu'elles semblent laisser aux femmes coupables toujours quelque droit de ne pas être trop humiliées. Des fautes, déjà graves, s'atténuent, et elles passent, aux yeux des intéressées à l'indulgence, pour de simples peccadilles, quand ces fautes sont mises en parallèle avec les pires turpitudes. On se familiarise ainsi avec le vice. Qu'on joigne à cela la promiscuité des fabriques, les fréquentations forcées, la contagion de mauvais exemples tout proches, les railleries des compagnes déjà gâtées, les audaces sans cesse renouvelées des compagnons de travail, les prières, ou plutôt les menaces peu déguisées des contremaîtres, et on s'explique comment les ouvrières des manufactures arrivent, pour la plupart, à descendre les échelons du vice.

Cependant, si la ville n'offrait pas de ressources réelles, son séjour serait moins recherché. Des exemples constants de misères physiques et morales serviraient de leçon. Ce qui grossit le flot des émigrants qui désertent la campagne pour la ville, c'est la vue de ceux qui réussissent. Et ils sont nombreux. Mais comment réussissent-ils, voilà ce qu'il importe de savoir, afin de diriger la conduite dans le même sens.

Les envieux, toujours disposés à nier le mérite des autres, attribuent le succès à des hasards favorables. En réalité, il tient moins à la chance qu'aux qualités personnelles, à ces qualités morales sans lesquelles rien de solide ne peut s'édifier. Et de ces qualités, celles qui appartiennent à la femme ne sont pas les moins précieuses. En effet, les salaires ouvriers sont beaucoup plus élevés que dans les campagnes et cependant ils sont souvent insuffisants. S'ils ne préservent pas les intérieurs du délabrement, de la malpropreté et de la misère, c'est que l'ouvrier en dissipe une grande partie sur le zinc des assommoirs ou dans la fumée des estaminets. Mais, d'autre part, l'ouvrier prend de pareilles habitudes, parce que souvent il ne trouve pas à son foyer une femme qui l'accueille d'un sourire et qui, appliquée à toutes ses besognes ménagères, lui fasse oublier les fatigues du labeur quotidien par un repas bien préparé, par une chambre d'une propreté confortable, par des enfants bien portants et joyeux. Certes, pour remédier aux maux de la Société, les institutions politiques ont leur prix. Il est bon que les lois s'adaptent aux circonstances et qu'elles cherchent à maintenir entre les classes un équilibre toujours menacé. Mais on pourrait faire une grande économie de projets de réforme — projets sinon complètement chimériques, du moins très aventureux — si, au lieu de chercher des appuis étrangers, chacun s'efforçait de les trouver en lui ou autour de lui, et le plus souvent dans son entourage immédiat. La femme, maintenue ou rendue à son vrai rôle, celui de ménagère et de mère de famille, voilà, semble-t-il, un des éléments les plus sûrs de la prospérité des individus et de celle de l'État.

C'est là une bien vieille maxime, vieille, mais toujours vraie. Ou plutôt vraie, *parce que* très vieille et que, par ce brevet d'antiquité, elle a montré sa force de résistance aux Lysistrata de toutes les époques et de tous les pays. Car s'il est une matière, où il ne faut point se piquer d'originalité, c'est en morale. Pour notre compte, rien ne nous est plus précieux que de retrouver, par une réflexion méthodique et approfondie, ces éternels courants que les nécessités implacables de la vie font converger vers le bien, courants de moralité qu'alimentent les qualités de l'intelligence et du caractère.

Dans le monde animal, la sélection, disent les Darwinistes exagérés, s'est opérée par la lutte brutale des forts contre les faibles. A bien considérer les choses, on pourrait voir que la survivance des espèces n'a pas été due seulement à la force physique et à d'autres avantages de cette nature, mais qu'elle l'a été à la pratique de qualités morales, rudimentaires, si l'on veut, mais réelles. Pour vivre, l'araignée a dû se résigner à se blottir dans un coin obscur ; la taupe primitive s'est blessée les yeux dans sa vie souterraine

avant de conquérir sa membrane protectrice ; le chat
a dû s'infliger une longue immobilité avant de savoir
guetter sa proie ; pour apprendre la vitesse à la
course, le cheval a fui les yeux hagards, couvert
d'écume et de bave, essoufflé, haletant, exténué...
Tous ont acquis les privilèges de leur nature, aux
prix de quelque sacrifice.

En tout cas, si la part d'intelligence et d'activité
morale est faible dans l'animal, elle est considérable
dans l'homme. L'expérience est concluante pour
notre temps comme pour les époques antérieures. Ce
qui assure le plus ordinairement la supériorité aux
individus, aux familles et aux sociétés, ce sont les
qualités morales. Ajoutons que ces qualités morales
trouvent, pour se développer, le terrain le plus favorable dans la famille, qu'elles se prêtent toutes un mutuel appui, que de tous ces appuis le plus ferme est
fourni par le faisceau des vertus propres à la femme,
pourvue de son double titre d'épouse et de mère.

Voilà le but lointain, vers lequel il faut sans cesse
tourner les yeux et diriger ses efforts, si l'on veut,
dans les écoles primaires de filles, faire œuvre utile
et durable. En dehors des règles générales qui ont été
énoncées plus haut et qu'il est inutile de rappeler,
voici les points spéciaux sur lesquels il importe d'attirer l'attention des éducatrices.

Le salut, avons-nous dit, réside dans la vie de famille, dans une vie modeste, bien ordonnée, où le
rêve ne prenne point trop de place, mais où les devoirs,
qui demandent des efforts obscurs, soient rehaussés
de tout le prestige que méritent les œuvres bienfaisantes. La difficulté est que le milieu social est peu

favorable au développement des vertus modestes. Dans l'atmosphère des villes, des grandes villes surtout, voltigent, comme des microbes malfaisants, les idées d'orgueil, de luxe, de ruses, d'artifices, de coquetteries... Pour préserver l'âme de l'enfant de cette contagion, il faut créer autour d'elle une atmosphère purifiée de tous les germes de corruption Or, le refuge contre les séductions trompeuses du dehors est tout indiqué : c'est l'École.

L'École jouera ce rôle d'abri tutélaire, si d'abord elle est bien organisée au point de vue matériel. Que les salles soient spacieuses, bien aérées, pleines de lumière, entretenues avec une propreté méticuleuse, égayées de chromos choisies avec goût, tant pour l'exécution technique que pour le choix des sujets. Le mobilier scolaire sera simple, mais confortable. Aux difficultés inhérentes à l'étude ne s'en ajouteront point d'autres, dues au défaut ou à l'imperfection des instruments de travail. La petite fille, dont l'âme s'ouvre si facilement aux impressions du dehors, sera d'autant plus sensible à la propreté, à l'ordre, à la beauté, que toutes ces choses font le plus souvent défaut dans l'intérieur misérable qu'elle habite.

Si suggestive que soit cette beauté extérieure, elle ne suffit pas. Pour que l'impression des choses pénètre plus profondément, il faut que leur langage, obscur en soi, soit interprété. C'est à la maîtresse qu'il appartient d'interpréter les symboles muets que la petite fille a sous les yeux. Un beau corps n'a toute sa valeur que s'il est vivifié par une âme aimante et intelligente. La plus belle des écoles ne sera, à son tour, qu'un coûteux et inutile assemblage de pierres,

si une âme ne circule pas entre ses murs, une âme
semblable à la lumière du soleil qui

> ... se divise et demeure entière.
> Ainsi que l'amour maternel.
>
> (ROSTAND, *Chanteclere. Acte I*).

Cette comparaison doit être prise à la lettre, l'institutrice s'efforcera d'être, pour tous les enfants dont
elle a la garde, une mère, une mère attentive à l'heure
présente, mais préoccupée aussi de l'avenir. Elle aura
même sur les mères naturelles un avantage, c'est que
sa sensibilité plus intellectualisée, amollira moins sa
volonté. Elle aimera, sans aveuglement, et, comme
elle sera soustraite aux brusques oscillations de la passion qui monte aux sommets de l'indulgence pour
tomber soudain dans une sévérité injuste, elle montrera plus de suite et de fermeté dans sa direction.
Cette affection unie à la fermeté lui attirera, sans
doute, de la confiance et de l'autorité.

C'est alors que son enseignement moral sera fructueux. Toutes les occasions lui seront bonnes pour insinuer l'idée du bien, et pour la fixer dans l'esprit
avec les clous d'or du sentiment. « Mes enfants », ré-
pètera-t-elle souvent, et ce mot seul, prononcé avec
ces inflexions de voix que l'institutrice, souvent mère
de famille, saura trouver, pénétrera comme une ca-
resse dans le cœur des petites filles, et il les disposera
à accepter le conseil donné et à le suivre.

Car le cœur est le chemin qui conduit le plus sûrement à la persuasion et à l'action. Elle dira, à propos de
quelque petit événement de la vie scolaire, ou à l'occasion d'une lecture : « Il ne faut pas faire ceci, parce que

le plaisir du moment est payé trop cher plus tard... Il faut faire cela, malgré le déplaisir actuel, parce que le bien ne vient pas sans peine... » Les défenses, elle les formulera avec tristesse, comme à regret, mais elle les maintiendra avec une fermeté et une assurance propres à convaincre ses auditrices. Quant aux ordres d'agir, elle les donnera avec une sorte d'allégresse, avec cette foi joyeuse, productrice d'énergie.

De temps en temps, elle donnera plus d'étendue à sa leçon, surtout quand elle s'adressera aux plus grandes. « Mes amies, croyez-moi, leur dira-t-elle, ne comptez pas sur le hasard de rencontres heureuses, le bonheur n'est pas un don gratuit qui viendrait du dehors, apporté par je ne sais quelle bienfaitrice surnaturelle ou plutôt tout imaginaire. Il est surtout le résultat des efforts personnels, prolongés, patients. Bien vivre est un art, le plus précieux de tous, mais aussi de tous le plus difficile... Écoutez les conseils de votre maîtresse, qui vous aime, qui a l'expérience de la vie, et qui voudrait détourner de vous les dangers et les pièges. Le grand danger, c'est d'aller à l'aventure, sans idée directrice, subissant au hasard toutes les influences, manquant de la réflexion qui fait le triage du bon et du mauvais, et n'ayant plus la force de s'attacher au bien véritable... Les pièges, ce sont les apparences brillantes qui recouvrent le mal, un mal souvent très grand, qui fait, hélas! tous les jours, pleurer à des malheureuses, des larmes de sang et qui les jette dans le désespoir... Oh! mes petites amies, réfléchissez bien avant d'agir. Ne faites pas comme ces alouettes qui vont en chantant se mirer dans un rayon de soleil et qui tombent sous le plomb du chasseur... Pas de rêves exagérés. Rappelez-vous le vers du bon fabuliste qui, se faisant lui-même l'écho des sages de tous les temps, a dit : « *Ni l'or, ni la grandeur ne nous rendent heureux.* » Le bonheur est de toutes les conditions, parce que sa trame est faite de nos idées et de nos sentiments. Tous les actes, même les plus vulgaires, peuvent être embellis de pensées, rehaussés de sentiments. Songez à vos joies, quand vous avez l'occasion de vous rendre utiles à la maison. La tâche fatigante, ennuyeuse, disparaît, et vous ne voyez que le sourire de satisfaction qui va éclore sur le visage aimé de votre père ou de votre mère. L'aiguille, moins que cela encore, le balai et le torchon peuvent être, entre vos mains, des instruments magiques qui réaliseront des merveilles. Avec votre aiguille, vous réparerez un accroc malencontreux au pantalon du petit frère, qui, grâce à votre adresse bienveillante, évitera une réprimande. Avec le balai et le torchon, vous chasserez les poussières qui, comme de mauvais génies, sèment les maladies dans les intérieurs mal tenus ; vous ferez du foyer familial un séjour gai où votre père se plaira à s'asseoir... N'en doutez pas, mes amies, le bonheur est en vous. Mais il ressemble aux fleurs délicates, et, comme elles, pour qu'il se développe, il faut de l'adresse et des soins vigilants... »

En dehors de ces petites allocutions, qui ne devront pas être prodiguées mais venir à leur heure, toujours motivées par quelque circonstance qui servira à orienter les conseils, la maîtresse aura recours, d'une façon régulière à la lecture d'un manuel. Ce manuel devrait être exactement approprié à la psychologie féminine, mais aussi aux conditions sociales qui semblent réservées à la majorité des jeunes filles fréquentant les écoles primaires. Pour impressionner davantage les esprits et donner une plus grande autorité aux enseignements du Manuel, la lecture en serait faite, comme on l'a dit plus haut (1), avec le plus d'apparat possible, en encadrant cette lecture de poésies morales, chantées en chœur par les élèves. Car, ce à quoi il faut viser, c'est à saisir l'être tout entier, sens, cœur, esprit, volonté. Convaincre ne suffit pas. Les idées passent vite, quand elles ne sont pas retenues par le sentiment et sans cesse vivifiées par lui. L'émotion elle-même serait fugitive, si elle n'était pas en quelque sorte enregistrée dans l'organisme par une activité sans cesse renouvelée. Les chants sont très propres à entretenir l'émotion et à la rendre susceptible de s'éveiller en toute circonstance, parce la musique est essentiellement évocatrice de sentiment et que les airs, en apparence oubliés, fredonnent longtemps encore dans la mémoire.

L'enseignement moral, s'il était donné à l'école primaire, d'après la méthode longuement exposée ici rendrait, semble-t-il, d'éminents services. Cependant, serait-il suffisant ? est-il permis d'espérer que les impressions de l'enfance seraient assez durables et assez fortes pour lutter contre toutes les forces adverses que suscite inévitablement le cours de la vie ?

L'observation actuelle nous montre le contraire,

______

(1) Voir p. 64.

Bauer   7

et l'avenir ne semble pas pouvoir nous réserver de
meilleurs résultats. Les bonnes habitudes, contractées
avec peine dans le premier âge, dévient et se transforment sous le choc incessant d'influences contraires.
Elles ressemblent à ces digues, construites en trop peu
de temps, qui, ébranlées par la poussée continue de
l'eau, finissent par être emportées par le flot, si elles
ne sont pas surveillées avec vigilance, entretenues
avec soin et réparées dès qu'il le faut. Or, les enfants,
garçons et filles, dès leur sortie de l'école, sont jetés
sans protection au milieu des hasards de la vie, exposés non seulement à la séduction directe des choses,
mais encore, ce qui est pis, à l'attirance plus irrésistible des exemples et des paroles, qui sont en pleine
contradiction avec les principes reçus à l'école. Quoi
d'étonnant à ce que ces principes, considérés bientôt
comme enfantins, ne puissent longtemps tenir devant
les idées contraires, exprimées par des hommes, pra-
tiquées par des hommes, et dont l'admission et la pratique doivent donner un brevet de virilité ! Il en est
de même pour la jeune fille qui, pour éviter les
railleries de ses compagnes, n'hésite pas longtemps à
quitter ses idées d'enfant en même temps que ses petites jupes, trouvant les unes et les autres trop
courtes.

On a bien senti l'utilité d'œuvres post-scolaires,
propres à entretenir, chez les adolescents des deux
sexes, les enseignements moraux reçus à l'école.
Mais les tentatives faites dans ce sens sont restées à
l'état d'ébauches. Elles sont laissées souvent aux
initiatives individuelles, et, après une période d'activité et de succès dus à l'énergie intelligente du fonda-

tour, elles périclitent bientôt et disparaissent sans laisser d'autres traces que le souvenir attristant de leur durée éphémère. Les patronages seraient une chose excellente, mais à la condition de se généraliser et de reposer sur des fondements solides. Quant aux cours d'adultes, ils sont consacrés, là où ils existent, plus à l'enseignement qu'à l'éducation. Ils ne répondent donc pas au but qu'on se propose, qui serait d'assurer, au sortir de l'école, une sauvegarde morale aux jeunes gens et aux jeunes filles. Du reste, ces cours du soir, malgré de trop modestes encouragements, végètent et n'ont guère d'existence que sur le papier. Tous les essais de ce genre sont, en ce moment du moins, incohérents, intermittents, peu durables, souvent mal conçus, plus souvent encore dépourvus, dans la pratique, des ressources nécessaires à une action efficace ; en un mot, ils sont tout à fait impropres à préserver de la destruction ces petites plantes morales que l'école primaire a cultivées et qui sont encore si frêles !

La morale touche ici à la sociologie et à la politique. L'individu ne peut s'isoler de son milieu. Or, si l'influence de ce milieu est dangereuse, ou même, comme il arrive souvent, néfaste, il serait bon qu'une politique prévoyante vînt faire contrepoids par des institutions régulières, solides, partout répandues et, par suite, capables d'entretenir, de raviver et de développer les tendances formées à l'école. Il y aurait pour cela toute une organisation à créer, mais, comme notre étude doit porter sur les formes réelles de l'enseignement public, la matière à traiter est assez vaste en soi, sans qu'il faille encore l'étendre par l'exposé de projets qui, pour avoir quelque valeur, réclameraient de grands développements.

Passons donc, sans nous attarder davantage, à l'éducation dans l'enseignement secondaire.

DEUXIÈME SECTION

La Morale dans l'Enseignement du Second degré.

INTRODUCTION

Un des principes fondamentaux de là morale est le suivant : « Le bien véritable, c'est d'être un homme, non pas cet homme général, où certains moralistes, par souci d'une perfection impossible ont le tort de rassembler des qualités disparates ou même contradictoires, mais un homme chez qui toutes les fonctions mentales s'harmonisent et concourent à la formation du type moral le mieux approprié à sa nature et à sa condition. » (1) Pour arriver à ce résultat, il faut que l'enseignement moral perde quelque chose de sa rigidité et que, devenu plus souple, il s'adapte aux circonstances variées que présente la réalité, sans essayer, par un renversement impossible, de plier la nature des choses à nos systèmes éducatifs. Car, qu'il s'agisse d'éducation ou de politique, l'éternelle chimère, c'est d'appliquer à contre sens les forces de l'État. L'insuccès est alors certain. De grandes res-

(1) *La conscience collective et la morale.*

sources se dépensent pour créer des institutions qui n'ont qu'un semblant de vie, qui végètent péniblement et qui meurent, sitôt que la disproportion manifeste entre les résultats et les efforts oblige les plus aveugles à ne pas s'obstiner dans leurs errements.

Ces remarques s'appliquent d'une façon toute particulière aux différentes formes que l'enseignement public a dû prendre, en France, pour les adolescents de treize à dix-huit ans. Autrefois l'État n'entretenait que des établissements d'enseignement secondaire, régis par des règlements identiques et pourvus de programmes uniformes, où dominait l'étude des deux langues mortes, le grec et le latin. Ce régime avait paru rendre des services suffisants, à une époque où le besoin de s'instruire n'était guère senti, que par le clergé et les classes riches. Des changements dans la vie politique, économique et sociale, en ont amené de correspondants dans les goûts, les aspirations, ou mieux, dans les nécessités mêmes de la vie individuelle. Pour toutes les professions, la lutte s'est faite plus vive. Et une des conditions les plus indispensables du succès a été l'instruction, non plus cette instruction affinée qui ne pouvait convenir qu'à une rare élite, mais une instruction *spéciale*, c'est-à-dire, appropriée au genre d'occupations qu'on se proposait de suivre. Sous la poussée du public, les vieux cadres se sont brisés. En 1865, le Ministre de l'Instruction Publique, V. Duruy, animé des mêmes idées, portait le coup le plus sensible à l'unité en introduisant l'*Enseignement spécial* dans les Lycées et Collèges. Depuis lors, malgré la défaveur que lui montraient les zélateurs obstinés du passé, cet enseignement n'a fait que se développer et manifester sa vitalité sous des formes multiples. Les principales sont les suivantes : Écoles primaires supérieures, écoles professionnelles, écoles des Arts et Métiers, écoles d'agriculture, écoles industrielles et commerciales... A côté de cet enseignement spécial, qui se distribue dans des établissements divers, se trouve l'enseignement secondaire proprement dit, qui continue à s'abriter exclusivement dans les lycées et collèges, mais qui s'est divisé en deux branches, l'*Enseignement moderne*, caractérisé par l'étude des langues vivantes et des sciences, et l'*Enseignement classique* qui se distingue nettement du précédent par l'étude des langues et de la littérarature anciennes (1). Ce sont tous ces enseignements que nous groupons sous le titre général d'*Enseignement du second degré*.

L'enseignement a dû varier son objectif pour mieux répondre aux nouvelles et multiples exigences de la vie sociale. Eh ! bien, une marche parallèle doit être résolument suivie dans l'éducation morale. La morale est excellemment définie l'art de la vie. Par conséquent, si elle veut être efficace, elle doit tenir compte des conditions variées dans lesquelles les élèves, suivant toute probabilité, se trouveront dans l'avenir. Non pas, bien entendu, que la morale doive jamais tenir un langage contradictoire et qu'elle ait à prescrire aux uns ce qu'elle interdirait aux autres. Mais une éducation intelligente insistera de préférence sur certains points, parce qu'ils seront dans la suite d'une applica-

(1) A partir de la réforme de 1902, il y a bien dans le second Cycle quatre sections, mais où se reconnaissent assez facilement les deux divisions antérieures.

tion plus fréquente. Elle mettra dans un relief plus saisissant les qualités essentielles d'une profession et elle signalera avec soin les différents écueils que le genre d'occupations auxquelles on se livre, expose d'ordinaire à heurter. Par exemple, les conseils pour la tenue et les manières ne seront pas les mêmes pour le futur goujat, gâcheur de mortier, et pour le jeune homme de bonne famille qui, sur les bancs du lycée, rêve à un poste de diplomate.

Il ne s'agit pas ici d'entrer dans le détail des programmes d'éducation propres à chacun des ensoignements du second degré, ce qui exposerait à de nombreuses et fastidieuses redites. Il suffira, pour l'objet qu'on se propose, d'indiquer l'esprit dans lequel ils doivent être conçus, de signaler leurs traits distinctifs et de montrer les procédés les plus efficaces pour arriver au *but fixé* : la formation d'une personnalité stable, cohérente, qui sache s'adapter à sa fonction et à son rôle social, en utilisant les influences de l'éducation, du milieu et des circonstances, mais sans jamais oublier que le respect des droits d'autrui fait partie intégrante du véritable bien personnel.

CHAPITRE PREMIER

L'esprit qui doit présider à la direction morale dans l'enseignement du second degré n'est plus le même que dans l'enseignement primaire. Ce dernier enseignement ne comprend que les enfants qui, à leur entrée à l'école, n'ont aucune expérience de la vie, et qui, jusqu'à leur sortie, n'ont pas le temps d'en acquérir une suffisante pour apprécier par eux-mêmes la valeur relative des biens. La réflexion personnelle n'a que peu de part dans l'élaboration de la conscience. L'autorité, qui est la force morale venue du dehors, doit donc nécessairement dominer. C'est par des affirmations nettes, répétées, énoncées avec assurance que les jugements moraux pénètrent dans les jeunes esprits, et cela, si profondément qu'ils semblent des acquisitions naturelles, des notions primitives, innées et, par suite, respectables et saintes. C'est aussi par des ordres précis, formels, catégoriques, que des habitudes d'agir se forment, et, quand elles se prennent de bonne heure, deviennent si promptes qu'elles se tournent en instincts. L'ordre, dépouillé de l'idée de son origine, a pris un caractère d'impersonnalité qui, loin de diminuer sa puissance, ajoute à son autorité et lui assure une efficacité plus durable, parce que, ne venant de nulle part, il passe pour transcendant et échappe ainsi aux critiques qui s'attacheraient aux individualités nécessairement imparfaites et faillibles. D'autre part, les muscles, qui ont été longtemps dociles à la voix extérieure, sont dociles à la voix intérieure, écho inconscient de la première. Par un réflexe bienfaisant, ils se mettent en mouvement d'eux-mêmes, dès que l'occasion suscite dans l'esprit ces mots magiques : « Tu dois... Il faut... Fais... Ne fais pas... »

Dressage ! s'exclament ces pédagogues exigeants et utopiques qui voudraient faire d'enfants, depuis peu de temps maîtres de leurs organes. des sages à la façon de Socrate, capables non seulement de bien agir, mais de découvrir par eux-mêmes la règle de leur conduite! Non. Le dressage façonne un être à des actes, utiles non à celui qui le subit, mais à celui qui l'impose. Il déforme souvent l'animal en le détournant de ses tendances propres pour lui faire acquérir des qualités antipathiques à sa nature, des qualités qui n'ont de prix que par une bizarrerie propre à exciter la curiosité des badauds, et par la somme d'efforts dépensés à la création de monstruosités. Ici, c'est tout le contraire. Les habitudes, données aux enfants par des éducateurs éclairés, servent moins au maître qu'à l'élève, qui en éprouvera toujours la bienfaisante influence, alors même que sa pensée, encore inhabile, ne parviendrait pas à en découvrir les raisons. Elles ne déforment pas, elles perfectionnent. Elles développent les tendances qui donnent à l'individu une plus grande valeur au double point de vue individuel et social. Ce n'est donc pas du dressage. C'est la méthode dogmatique, la seule qui convienne à la première enfance, parce que, évitant un appel prématuré à la réflexion personnelle, elle ne risque pas de jeter dans l'esprit les germes du scepticisme moral, le pire des maux !

Mais à chaque chose, son temps. Ce qui était dangereux à l'école primaire, est permis ou même se recommande dans l'enseignement secondaire. L'enfant grandit, et, à mesure qu'il avance en âge, il accumule en lui les faits et les expériences personnelles, sans compter le trésor des connaissances variées qu'il emprunte aux époques et aux civilisations les plus favorisées, par ses lectures, ses traductions, ses leçons, ses travaux divers. L'appel à la réflexion peut alors être fait avec fruit, pourvu cependant qu'il soit discret et progressif.

Il faut ne pas le commencer de trop bonne heure, avec une hâte précipitée, mais procéder avec la prudente lenteur de l'alpiniste qui ménage ses efforts pour arriver plus sûrement aux sommets. Il faut, de plus, qu'il soit discret, pratiqué avec mesure et opportunité, inspiré par les circonstances et les détails de la vie scolaire, plutôt que provoqué artificiellement à jour et à heure fixes. C'est quand la réflexion tend à naître d'elle-même que, par un arrêt opportun et une question adroite, le maître favorise son développement et la dirige là où elle doit aboutir. La réflexion est alors d'autant plus profitable que la collaboration du maître est plus dissimulée, et que le jugement moral paraît une découverte et comme une sorte de propriété de l'élève. Il s'y attache plus volontiers.

Un des caractères distinctifs de l'enseignement secondaire est précisément de donner une place plus
importante à cette faculté réflexive, qui n'est autre
que l'usage actif de la raison ; de la raison pratique
qui scrute les causes non pas par simple curiosité con-
templative, mais pour se rendre plus sûrement maîtresse des effets. Donner des preuves, apporter et découvrir des raisons, justifier les actes, ne pas se
fier exclusivemement au mécanisme de l'instinct, ni
aux obscures suggestions du sentiment, devient ici
plus nécessaire, parce que l'intelligence est appelée à
une culture supérieure et que, par suite, elle est plus
exposée aux dangers de l'incohérence, de la contradiction et du dilettantisme sceptique. La roche tar-
péienne, a-t-on dit de la gloire, est voisine du Capi-
tole. Et cette vieille comparaison s'applique à toutes
les grandes choses que menace le voisinage des ex-
trêmes misères. Elle est vraie surtout de la culture intellectuelle. Certes, rien de plus noble qu'une intelligence qui s'ouvre aux idées venues de tous les
points de l'horizon, et qui peut être ainsi fécondée
par les meilleurs esprits de tous les pays et de toutes
les écoles — Mais, par contre, rien de plus futile et
de plus pernicieux que ces intelligences qui se
laissent envahir par les idées les plus disparates,
et qui, par impuissance de faire un choix entre
elles, passent de l'une à l'autre au hasard des circonstances, s'habituant à ces volte-face et finissant
par se glorifier de ces inconséquences, décorées
du nom d'aimable et spirituelle légèreté. Donc, plus
d'initiative réfléchie, un usage plus actif et aussi
plus périlleux de la liberté intellectuelle, voilà ce

qui distingue nettement le secondaire du primaire.

Cette liberté intellectuelle devient encore plus périlleuse par la distribution des élèves en classes distinctes, dont la direction est confiée à des maitres différents. Une pareille séparation est peut-être excellente au point de vue de l'instruction. Et, en effet, comme chaque maitre est chargé d'enseigner les matières pour lesquelles il a le plus de goût et qu'il possède le mieux, il arrive, par une pratique constante, à perfectionner sa méthode et à la rendre plus fructueuse. De plus, le professeur qui a la responsabilité d'un enseignement spécial se pique d'amour-propre. Il s'efforce d'obtenir d'autant plus de résultats qu'ils lui seront plus directement attribués et que, dans le cas contraire, il aurait à porter le poids de ses insuccès. L'émulation joue aussi son rôle. Les élèves sont portés à faire des comparaisons, ils jugent leurs maitres divers et leur assignent des rangs. Or ceux-ci ne dédaignent pas les arrêts de ce tribunal, un peu occulte mais qui n'en est pas moins redoutable. Le zèle en augmente. Toutes ces influences diverses se réunissent ainsi pour favoriser la culture intellectuelle.

Mais les progrès dans la moralité vont-ils de pair? L'éducation morale exige surtout de la suite, de la persévérance, de l'unité. Or, comment espérer ces qualités essentielles d'un personnel souvent nombreux, toujours divers et par l'âge, et par le caractère, et par l'éducation, et par la nature même des matières d'enseignement, matières strictement spécialisées et qui donnent à chacun une tournure d'esprit particulière? La diversité dégénère parfois en une vé-

ritable opposition. Par exemple, le .professeur
d'histoire, qui s'inspirera de l'esprit positif de M. Tha-
lamas, niera la mission surnaturelle de Jeanne d'Arc,
pendant que le professeur de littérature, imbu d'idées
toutes différentes, s'efforcera, par ses paroles et par
son accent convaincu, d'exalter l'héroïne lorraine. Les
sciences ne font pas non plus toujours bon ménage
avec les lettres et la philosophie. Ce n'est pas que les
professeurs cherchent à soulever des conflits. Ils
s'ignorent mutuellement. Mais le conflit n'en existe
pas moins dans la tête des élèves, qui hospitalisent
plus ou moins inconsciemment des idées disparates et
qui sont incapables, soit de faire un choix motivé
entre elles, soit de les harmoniser dans une synthèse
supérieure.

Les inconvénients de la diversité s'aggravent encore
par *l'internat*, qui exige l'action d'un personnel distinct du corps des professeurs. L'interne, qui est
séparé de sa famille, vit, dans l'intervalle des classes,
sous la direction de maîtres chargés spécialement de
surveiller ses jeux dans les récréations, de le conduire
en promenade, de veiller sur son sommeil au dortoir,
de contrôler ou même de diriger son travail à l'étude.
Ces maîtres suppléent la famille absente, et, par la
nature même de leurs fonctions, ont essentiellement
un rôle éducatif. C'est dans la liberté des jeux que
les caractères se révèlent, et c'est par la connaissance
des inclinations naissantes qu'un éducateur avisé
pourrait agir avec adresse et efficacité. Les promenades, où l'esprit affranchi des préoccupations ordinaires se détend et se porte à des causeries qui tournent naturellement à la confidence, ces promenades

pourraient fournir de faciles occasions pour encourager les efforts, réchauffer le zèle, consoler des chagrins, relever de l'abattement, en un mot, raffermir la volonté et l'attacher toujours plus solidement à la règle. A l'étude, l'action du maître peut être encore plus pénétrante. L'élève est aux prises avec les difficultés du travail personnel. Or, c'est au répétiteur qu'il appartient de rendre ce travail plus consciencieux, plus facile, plus fructueux. Il faut donner aux élèves des habitudes de réflexion, de soin, d'application soutenue, et, pour cela, imposer le silence, maintenir l'ordre, avec fermeté mais sans tracasserie. En un mot, le répétiteur devrait, dans les multiples occasions de sa charge, poursuivre toujours l'œuvre des professeurs, et faire réaliser, dans la pratique journalière et de détail, les principes moraux que l'enseignement aurait dégagés dans les classes.

Voilà l'idéal. Mais le réel est loin de s'accorder avec lui. Les répétiteurs sont, à leur début, des jeunes gens qui passent sans transition du rôle d'élèves à celui de maîtres. Ils n'ont reçu aucun enseignement pédagogique, et, dépourvus de toute expérience, ils doivent l'acquérir au petit bonheur. L'expérience est cruelle pour beaucoup qui, malgré leurs bonnes intentions, soht victimes d'une indulgence excessive ou maladroite et ont à subir les misères douloureuses du « Petit Chose ». Elle est fâcheuse aussi pour les écoliers qui prennent des habitudes de dissipation, d'irrespect et qui englobent tous leurs surveillants sous l'épithète méprisante de « pions ». Après quelques mois de ce pénible apprentissage, le jeune répétiteur, qui a dû faire peau neuve dans un autre établissement, parvient à se faire craindre. Mais il reste toujours sans autorité. L'élève se plie à la mimique du respect qu'on lui impose, mais ce n'est qu'une apparence qui recouvre à peine l'impertinence des sentiments internes. Le maître sent ce dédain caché. Il le sait vivace, si fortement entretenu par les préjugés courants, qu'il n'essaye même pas de lutter contre lui. Le pire est qu'après avoir été le « pion » pour les autres, il le devient pour lui-même et à ses propres yeux. Désespérant de se relever dans l'opinion de ses élèves et dans celle du public, il ne vise pas à un prestige, sans doute nécessaire, mais qu'il sait impossible. Il accepte avec résignation sa fonction inférioriséc et la considère comme un passage pénible à une situation meilleure, passage qu'il s'efforce de rendre aussi court que possible.

Ce n'est pas que de multiples essais n'aient été tentés pour relever la situation morale de ces éducateurs, dont la faible autorité réelle contrastait si fortement avec celle que leur fonction devait leur assigner. L'Etat a amélioré leur situation matérielle par une élévation des traitements et par une diminution des heures de service. De ce fait, les malheureux peuvent porter des redingotes moins élimées et des chapeaux moins antiques. Ils ne sont plus astreints à des besognes tellement absorbantes que les esclaves de l'antiquité n'en avaient point connu de pareilles. Car ceux-ci avaient, du moins, le repos de la nuit, tandis que le maître d'étude, levé en hiver avant le jour, après avoir passé la plus grande partie de la journée à surveiller des récréations ou à vivre dans l'atmosphère étouffante des études, allait dans un dortoir prendre ce qu'un proviseur appelait par un ironique euphémisme, « un repos collectif ».

Leurs droits sont aussi moins soumis à l'arbitraire. Ils ont gagné par là plus d'indépendance et un sentiment plus vif de leur dignité, sentiment qui s'est encore accru par les dénominations nouvelles qui leur ont été attribuées. Le maître d'étude s'est appelé répétiteur. Puis, comme ce nouveau nom n'avait pas produit, sur les élèves et sur le public, l'effet qu'on en attendait, le répétiteur est en train de devenir « le professeur-adjoint ». La puissance du verbe est certainement très grande, mais à une condition, c'est que le mot s'accompagne de réalités correspondantes. Or, tant que ces réalités manquaient, le maître d'étude, le répétiteur, le professeur-adjoint, restait toujours le surveillant, celui qu'on appelait ironiquement le professeur de silence, ou celui qu'on flagellait, dans le for intérieur, de l'épithète injurieuse de « pion ». Il fallait donc se résoudre à ne pas se contenter du simple terme décoratif. Mais les remèdes empiriques, que suggère le hasard des circonstances et qui ne s'inspirent pas d'un plan méthodique, sont d'un emploi dangereux. Les professeurs-adjoints prirent leur titre au sérieux et voulurent professer, pendant que les professeurs, jaloux de leur privilège, repoussaient ces prétentions qu'ils jugeaient mal fondées. Que la raison fût d'un côté ou de l'autre, peu importe. Le conflit existe, et, comme il n'échappe pas à la perspicacité des élèves, toujours en éveil quand il s'agit de découvrir les défauts de leurs maîtres, il est un mal, dont l'éducation a beaucoup à souffrir. Car l'unité de direction n'est pas impunément brisée.

Ces différences, déjà si importantes, ne sont pas les seules. Il en est encore une autre plus essentielle qui sépare les deux ordres d'enseignement et qui les sépare légitimement. C'est la différence qui naît de la diversité des buts auxquels tendent les deux catégories d'élèves, du rôle, de la fonction sociale que l'avenir leur réserve ; fonction qui se présente avec des caractères distincts et qui exige, pour être bien remplie, un ensemble de qualités intellectuelles et morales nettement différent.

Une société est un tout complexe, incapable de conserver la cohérence, l'organisation et le concours harmonieux de ses parties, si une force intelligente n'unit les individus, n'empêche leurs écarts, ne règle leurs actions et n'assouplit assez les égoïsmes pour qu'ils concourent au bien commun. Par suite, une société ne peut exister qu'à la condition d'avoir des gouvernants, des législateurs, des magistrats, des juristes, des officiers, des poètes, des littérateurs, des éducateurs, des maîtres de l'opinion, des organisateurs, en un mot, des chefs. Pour agir sur la matière brute, il suffit de muscles et de mouvements si simples que des machines parviennent à les exécuter. Quand il s'agit de former l'homme et de le diriger, il n'en est plus ainsi. La force seule briserait les ressorts subtils, délicats et complexes du monde moral. L'important ici n'est pas le mouvement extérieur, mais l'idée et le mobile qui le déterminent. Or, les idées et les sentiments ne se modifient que sous la pression prolongée et intelligente des forces spirituelles. D'autre part, pour arriver à manier avec quelque adresse ces forces spirituelles, il est nécessaire d'avoir beaucoup appris.

Les futurs dirigeants sont donc obligés de prendre un long circuit pour arriver à leur but.

Il semble alors aux hommes aveuglés par le désir des réalisations immédiates que tous ces longs exercices préparatoires soient de pédantesques futilités. Ces hommes pratiques haussent les épaules devant tous ces travaux scolaires, prolongés pendant des années et qui n'aboutissent pas même à former des comptables, des dactylographes ou des commis voyageurs capables de commander une côtelette en plusieurs langues. Le latin, le grec, la grammaire, le style, la phrase élégante, les théories, tout cela les irrite, et aujourd'hui ils ne prennent même plus la peine de démontrer l'inutilité de ces choses, tant, à force de les répéter, ils se sont persuadés, avec la complicité de la foule des esprits incompétents, que c'est là une vérité axiomatique.

Ils ont tort cependant. Les conducteurs d'hommes agissent sur la pensée par la pensée, sur l'esprit et la volonté par l'esprit et la volonté. Leur influence ne sera réelle qu'autant qu'ils auront des qualités intellectuelles et morales supérieures. Par conséquent, il faut donner à leur esprit la plus haute culture. Or, l'intelligence humaine, si elle veut acquérir tout son développement et toute sa puissance, ne doit pas se borner aux sensations directes. Elle doit en passant par l'abstraction qui fait violence à la réalité, s'élever aux idées générales, ces idées dont la nature ne présente pas le modèle et qui seraient si fuyantes, si elles ne se consolidaient pas en mots et en formules. Ces idées péniblement extraites de la réalité, il faut ensuite les combiner, les unir, les enchaîner les unes aux

autres, mais d'une façon assez adroite pour que, à la fin
de cette accumulation en apparence confuse de mots,
de formules et de symboles, se dégagent des conclusions correspondantes à la réalité et capables d'in-
fluer sur elle.

Phrases creuses ! s'obstinent à murmurer les adversaires de la culture classique. Et cela serait souvent
vrai, si l'habileté intellectuelle n'était pas mise au
service du bien, conformément à la devise que nous
avons empruntée à la *Solidarité* de M. Léon Bourgeois. Et, en effet, pour être acquises, les qualités intellectuelles réclament la liberté dans les recherches,
par suite, l'examen des doctrines les plus diverses. Les
risques de scepticisme en sont plus grands. C'est une
raison pour y faire contrepoids en mettant plus de
fixité dans les idées morales. Mais cette fixité ne doit
pas être établie au début, comme dans l'enseignement
primaire, où le temps presse. Puisqu'elle doit se concilier avec les exigences de la culture intellectuelle,
elle viendra à la fin comme la lente résultante d'une
éducation dirigée habilement à travers les multiples
exercices scolaires, les combinaisons d'idées et les
controverses de doctrines, mais où on aura donné une
place de plus en plus importante à la réflexion personnelle et à l'autonomie de la volonté.

En résumé, les élèves de l'enseignement secondaire
sont placés dans des conditions différentes d'âge et
d'organisation scolaire. De plus et surtout, ils sont
appelés à exercer des fonctions sociales différentes.
Ils seront pour la plupart des éducateurs, des conducteurs d'hommes, des chefs. Donc, ils doivent être
formés de façon à acquérir les qualités distinctives des

chefs : être des intellectuels, capables de manier les idées générales et les mots, mais sans perdre de vue les réalités sur lesquelles ils auront à agir, c'est-à-dire les hommes avec leurs besoins, leurs désirs, leurs sentiments, leurs passions, leurs croyances et leurs habitudes ; être aussi et surtout des volontés, assujetties à une règle morale, maîtresses d'elles-mêmes, bienveillantes et fermes dans la pratique de la justice distributive, conscientes de la grandeur de leur rôle social et soucieuses de le remplir. Il en résulte que l'orientation de l'Enseignement du second degré devra être différente de celle qui semblait propre à l'Enseignement primaire.

Nous n'examinerons pas en détail toutes les formes de l'Enseignement du second degré. Cela nous exposerait à des redites, en tout cas, à une prolixité fatigante et peu utile, puisqu'il s'agit ici moins d'une réglementation pratique que d'une question de principes. Nous choisirons l'une de ces deux formes, celle qui mettra dans un relief plus saisissant le genre d'éducation morale propre à une élite. Quant aux autres enseignements qui se rapprochent plus ou moins de cette forme prise pour type, il n'y aurait que quelques retouches à faire pour les mieux adapter au but spécial qu'elles poursuivent : préparation de l'individu à une fonction sociale déterminée.

Cette forme typique se dédouble en deux : 1° Enseignement secondaire classique des garçons avec étude des langues mortes ; 2° Enseignement secondaire des jeunes filles tel qu'il est pratiqué dans les établissements de l'Etat.

CHAPITRE II

LA MORALE DANS L'ENSEIGNEMENT SECONDAIRE CLASSIQUE

D'une façon brève, on pourrait dire que l'Enseignement secondaire a pour objet la préparation de l'élite sociale. Mais, avant d'indiquer les moyens propres à sa formation, une question préalable se pose. La création d'une élite n'est-elle pas contraire à l'essence de la Démocratie qui proclame l'égalité comme un de ses dogmes fondamentaux, tandis que le mot « élite » implique choix et supériorité ?

L'antinomie n'est qu'apparente. En fait, dans toutes les démocraties actuelles ou passées, des distinctions existent, distinctions fondées non seulement sur des nécessités naturelles, comme l'âge, le sexe, la force physique, la valeur de l'esprit et du caractère, mais encore sur cette nécessité sociale qui impose la diversité des fonctions. Tout ce qu'exige le principe démocratique, c'est que les chances de succès soient les mêmes pour tous. Tant que la répartition des biens matériels et surtout de l'honneur se fait, non d'après une *exacte* proportion avec le mérite — ce qui serait trop beau, — mais sans trop s'écarter de cette règle, la République est prospère. Dès qu'on veut, par une logique imprévoyante, pousser à l'extrême le principe égalitaire, en faisant passer le niveau sur toutes les formes de supériorité, la société, tombée dans la démagogie, s'écroule sur elle-même. L'égalité n'est pas le nivelage.

Les différences entre les citoyens d'un État démocratique sont un fait, un fait constant. On peut ajouter que c'est un fait nécessaire parce qu'il est une condition essentielle de la vie sociale, sitôt qu'elle atteint un certain degré de complexité. La cause la plus active du progrès réside dans la division du travail. Supposons, en effet, que le rêve de certains communistes soient réalisé. Les tâches seront uniformisées. L'ouvrier aura du temps pour s'occuper d'art, de science ou de littérature. D'autre part, les artistes, les savants, les lettrés, à qui sont réservées des besognes plus attrayantes, devront fournir, par compensation, une tâche manuelle déterminée. S'il en est ainsi, les uns et les autres feront mal ce qu'ils n'ont ni goût, ni aptitude à faire. Quant aux travaux où ils auraient excellé, ils y apporteront moins d'ardeur, parce qu'ils auront consumé une partie de leurs forces à des besognes ingrates, et d'autant plus fatigantes qu'elles étaient moins appropriées à la nature de chacun. Ce serait le règne de l'universelle médiocrité. Que chacun, au contraire, suive ses tendances, l'activité, aiguillonnée par le plaisir et surexcitée par le succès, acquiert toute son intensité et produit des avantages qui profitent à tous. La distinction des tâches doit donc être maintenue.

Mais pour qu'elle produise tous ses effets utiles, il est nécessaire que ceux à qui sont réservées les tâches supérieures se montrent dignes de leur fonction, par la possession des qualités propres à la bien remplir. Ces qualités sont d'abord d'ordre intellectuel. Un esprit étroit, qui se fie uniquement à une vague tradition, ne sait pas adapter sa conduite à des conditions nouvelles. C'est ainsi qu'un chef d'industrie s'obstinera à employer, à l'égard de ses ouvriers, des procédés qui pouvaient réussir il y a trente ans, mais qui ne sont plus de mise aujourd'hui, où les revendications ouvrières ont pris tant de développement et de force. Mais les connaissances sociales et psychologiques ne suffisent pas. Il faut de plus des qualités de sensibilité, de volonté et de caractère. L'élite dispose en fait de l'énorme pouvoir de diriger l'ensemble des citoyens. C'est elle qui impose des prescriptions législatives, elle qui donne des ordres, elle qui punit les infractions à ses lois. C'est elle aussi qui par des paroles, par des écrits, par l'enseignement, contribue à façonner l'âme de ces grandes personnalités morales que sont les nations. Or, cette grande puissance entraîne des obligations correspondantes. Il est légitime de demander davantage à ceux qui ont reçu davantage. En un mot, la supériorité sociale ne se justifie que par les services qu'elle rend à la société. La grandeur des devoirs doit être proportionnée à l'étendue des droits.

Dans toute science pratique — et la pédagogie en est une, — le but qu'on se propose d'atteindre doit se présenter sous des traits précis. Car ce n'est qu'ensuite qu'on pourra se mettre utilement en quête des moyens propres à la réalisation de ce but. Quel est donc ce modèle vers lequel l'éducateur devra diriger ses regards et aiguiller ses efforts ?

Le type représentatif de l'élite n'est pas, comme au moyen âge, le saint qui vit dans une cellule, étranger au monde, perdu dans les rêves de perfection mystique et purement personnelle. Ce n'est pas non plus l'artiste ou le lettré de la Renaissance, l'amateur des belles formes et des délicatesses de langage, un dilettante souvent égoïste, un contemplateur souvent trop porté à vivre en marge de la société. C'est l'homme qui s'appuie sur le terrain solide des réalités, mais sans s'y asservir ; qui évite les chimères, sans désespérer toutefois de dégager, dans l'individu et dans l'humanité, tous les développements intellectuels et moraux que comporte la nature humaine. C'est l'homme supérieur par l'intelligence, mais sans orgueil et sans dédain, l'homme qui, conscient de la solidarité avec ses semblables, ne sépare pas sa destinée de celle du public et qui surtout n'imite pas l'arriviste en faisant servir son habileté à des fins personnelles. C'est en deux mots *le bon citoyen* et *l'honnête homme.*

L'honnête homme est ainsi appelé parce qu'il est digne d'être honoré. Et il le mérite, parce que, et aux yeux de sa conscience et aux yeux du public, il reste toujours à la hauteur de son rôle, et qu'à la supériorité de position il associe une supériorité réelle. Supériorité complète qui se manifestera dans la tenue, dans les manières, dans le langage, dans tout l'extérieur, mais qui ne s'en tiendra pas à de simples apparences et résidera surtout dans les qualités internes : *noblesse des sentiments, idée vive et toujours présente du devoir social, énergie de la volonté.*

Les anciens accordaient une grande importance au

décorum, et, à toutes les époques, se sont élaborés des codes du savoir-vivre, codes qui, pour n'avoir pas été établis par des législateurs officiels et sanctionnés par la puissance publique, n'en ont pas été d'ordinaire suivis avec moins d'exactitude. Certes, les manuels de civilité — rédigés par des comtesses ou du moins des baronnes, les unes et les autres d'une authenticité douteuse — descendent parfois à des minuties qui expliquent le titre de « civilité puérile », or, il ne s'agit pas, pour l'honnête homme qu'on se propose de former, d'être versé dans l'art de varier ses nœuds de cravate ou de donner la poignée de main à la mode. Mais les petitesses de ces côtés n'empêchent pas que leurs prescriptions fondamentales n'aient leurs raisons d'être. Il existe, en effet, une corrélation certaine entre l'extérieur et les sentiments internes. Le costume est particulièrement suggestif et prend souvent une véritable puissance évocatrice. « L'habit ne fait pas le moine » dit, non sans malice, le proverbe populaire. Cela est vrai, puisqu'il y aura toujours, sinon des hypocrites ou des fourbes, du moins des êtres imparfaits, incapables de marcher, sans broncher, dans les routes difficiles du bien. Et cependant, l'habit, qui rappelle sans cesse tout un ordre d'idées, contribue à former l'homme, à le former sur le modèle interne, dont le costume est l'image sensible, toujours présente et toujours active. Cette puissance du costume, on pourrait croire que les Grecs l'avaient figurée en un symbole. La peau du centaure Nessus avait pénétré dans les chairs d'Hercule et avait détruit sa divinité !

La personnalité humaine n'est pas enfouie dans je

ne sais quelles profondeurs mystérieuses. Elle se montre et se révèle en tout et partout.

Et d'abord, l'honnête homme se reconnaît à son costume simple mais sans négligence, propre mais sans recherches de délicatesse, élégant même, pourvu que cette élégance ne soit pas affectée. Il évite avec soin les bizarreries qui sont la ressource des nullités prétentieuses. Il laisse aux rastaquouères l'orgueil des bijoux et des habillements fastueux, mais il se défie encore plus de tomber dans l'excès contraire. Il rougirait d'imiter ces faux démocrates qui, pour flatter les goûts populaires, imitent la tenue du peuple et vont, jusque dans l'enceinte législative, s'affubler de la blouse paysanne !

La démarche et le maintien ont les mêmes qualités de bienséance. L'allure se tient à égale distance de la lenteur gourmée et de la précipitation propre au commissionnaire qui se hâte en vue d'un plus gros pourboire. Ses gestes sont mesurés, et, même quand il discute, il ne se croit pas obligé de prendre des attitudes de menace et d'agiter les bras, à la façon d'un possédé menacé d'exorcisme. Il n'a pas recours à cette gesticulation désordonnée, parce qu'il n'en a pas l'habitude, et qu'il n'en a pas besoin. Il n'en a pas l'habitude parce que dans le milieu où il se plaît à vivre, les mots n'ont pas besoin d'être soulignés pour être compris. Sur les rosses endurcies pleuvent inutilement les coups de fouet, tandis que l'effleurement ou le simple claquement du fouet fait bondir le cheval de race. De même chez les gens de bonne éducation. Un mouvement de physionomie presque imperceptible, un air un peu plus froid, sont des avertissements qui ne risquent pas de n'être pas sentis. L'homme cultivé n'a pas besoin non plus de recourir à cette mimique exagérée par laquelle « le corps parle au corps ». Car il a l'art de parler, de se taire et d'écouter. Il sait parler, parce qu'il se fait un honneur et une règle de maintenir sa langue, la langue nationale dans toute son intégrité et dans toute sa pureté. Il en possède toutes les ressources, et il sait, dans toutes les occasions, trouver et employer le mot juste, celui qui sert à traduire exactement sa pensée et son sentiment, celui qui, de plus, convient le mieux à la personne et aux circonstances. Il montre du tact, de la politesse, ce qui n'exclut pas la fermeté à l'occasion. Mais il n'a pas l'éloquence de l'injure. Il laisse les mots d'argot aux hôtes habituels des prisons.

Un autre talent, non moins précieux que la parole, est l'art de se taire. Cet art est d'autant plus difficile à pratiquer que, pour l'homme instruit, la tentation de montrer ses connaissances et son esprit est plus forte. Mais c'est là un jeu dangereux. A beaucoup parler, les plus intelligents ne s'exposent pas seulement à dire bien des paroles inutiles, mais à force de parler à tout propos, ils parlent souvent hors de propos. Ils ont de l'esprit, et, quand une médisance peut être relevée de traits spirituels, ils n'ont pas toujours le courage d'en émousser la pointe malicieuse. Ils amènent ainsi des sourires approbateurs sur les lèvres de leurs auditeurs, mais ils perdent des amis et ils s'habituent à faire de vilaines actions. Le don se transforme alors en défaut. C'est ici encore, dans l'expression des idées et des sentiments, que la mesure et la maîtrise de soi doivent paraître. « Rien de trop », disait un sage de la Grèce. Le but, en effet, est de dompter ses émotions et ses désirs pour ne les laisser transparaître que dans la mesure où leur manifestation se trouve conforme à la bienséance, forme atténuée de la justice. Pour ce qui se rapporte en particulier à la conversation, l'homme de bon ton a la politesse de laisser parler les autres et de montrer, par son attitude attentive, qu'ils sont capables, eux aussi, de dire des choses sensées et utiles. Il sait se taire et écouter.

A entendre les éloges qu'on accorde à la pratique des belles manières ou plutôt des usages mondains, on pourrait croire, en faussant notre pensée, que pour nous aussi les apparences suffisent. Mais si les attitudes et les gestes, qui se modèlent — comme la forme des jaquettes — sur un type convenu, semblent, aux yeux d'une ploutocratie inélégante, dispenser des qualités internes, cette admiration béate n'est pas la nôtre. Le but qu'on doit se proposer n'est pas de fabriquer des automates décoratifs, des comédiens habiles à jouer devant le public le rôle de la vertu, des hypocrites retors à la façon de Tartuffe, en un mot, de vains simulacres. Chez l'honnête homme, le dehors n'est que le reflet de l'intérieur, il n'a de prix que par les qualités plus cachées, mais réelles, dont il est la manifestation. Ce n'est pas un être double, dont l'un serait la contre-partie de l'autre. Loin de là. Il y y a accord, harmonie, unité : les manières sont distinguées, parce que la même distinction réside dans les sentiments. *Noblesse des Sentiments*, tel est le signe auquel se reconnaît l'élite.

Que faut-il entendre par cette noblesse ? Quels en sont les caractères et les principales formes ?

A considérer les plus beaux types de l'humanité, ceux qui de tous temps ont le privilège de susciter la sympathie admirative, on voit que leur marque propre est de donner la suprématie aux idées d'honneur et d'indépendance. Voilà les qualités fondamentales qui font sortir l'individu de la foule et le désignent aux regards comme un modèle à imiter.

A l'honneur se rattachent un certain mépris des biens purement personnels et, au contraire, une sympathie très active pour le bien des autres. La ladrerie d'un Harpagon lui répugne, et la cupidité des modernes Midas lui semble une sorte de folie. S'il est riche, il se montre généreux, non pas de cette générosité fastueuse qui vise plus à éblouir qu'à être bienfaisante. Il donne avec discernement, mais il le fait alors avec tant de naturel qu'il ne sent pas le poids du sacrifice. S'il est dans une situation médiocre, il montrera une delicatesse très prompte à s'effaroucher dans toutes les questions d'argent. Il se tiendra soigneusement à l'écart, redoutant d'être effleuré d'un soupçon et fier de sa pauvreté qui est une marque de son désintéressement. Au lieu d'enfler ses désirs et d'avoir l'humiliation de rester toujours inférieur à son rêve, il élaguera les besoins superflus, laissant aux snobs la vanité de s'alourdir dans des fauteuils de style et le plaisir de se gâter l'estomac par une abondance de mets aussi succulents qu'inutiles. Il sera sobre, de vie simple, soucieux moins d'embellir sa demeure que d'orner son esprit. C'est de ce côté qu'il tournera ses efforts. Autant, tout à l'heure, il était dédaigneux des avantages matériels, autant il se montrera jaloux de son indépendance et de sa dignité personnelle. Ce n'est pas à son usage qu'est faite la maxime « la fin justifie les moyens ». Si, pour arriver à une place qu'il mérite d'occuper, il faut tenter la faveur et passer par les sollicitations, il trouve la porte trop basse et il ne courbe pas la tête.

La raison qui l'empêche de fléchir le genou devant les idoles du gros public, c'est la haute idée qu'il se fait de l'homme en tant qu'homme. La dignité humaine n'est pas pour lui un mot sans signification et sans portée. Ce mot enveloppe tout un ensemble de qualités qu'il s'efforce d'acquérir et de réunir en un tout harmonieux.

Puisqu'il a la prétention d'appartenir à l'élite, son premier soin sera, par la possession des qualités intellectuelles, de se montrer digne d'exercer une action directrice. Il ne sera pas de ces esprits étroits et égoïstement utilitaires qui se bornent à une spécialité et qui restent fermés à tout le reste. Aucune des connaissances fondamentales ne lui sera indifférente et étrangère. Certes, il n'aspirera pas à un savoir encyclopédique de détails. Tâche d'ailleurs irréalisable. Mais, sans se perdre dans une multitude chaotique de connaissances variées et incohérentes, il sera capable de saisir les liens qui rattachent les sciences entre elles et de les unir dans une vision synthétique. Cette tendance philosophique ne l'empêchera pas, du reste, d'opérer une percée plus approfondie et plus détaillée dans un ordre spécial de connaissances celui qui se rapporte plus particulièrement à ses occupations professionnelles.

Les connaissances importent moins que l'esprit lui-même. C'est à l'instrument intellectuel qu'il faut donner toute sa souplesse, toute sa force, toute sa valeur. Une intelligence est souple, quand, avec ses connaissances et ses habitudes anciennes, elle se montre capable de s'adapter à un travail nouveau. Elle est forte, quand, appliquée à un objet, elle ne l'abandonne pas tant qu'elle n'en a pas scruté la nature et découvert les secrets ressorts. Enfin, elle a toute sa valeur, quand, en toute occasion, elle peut satisfaire à sa triple fonction : savoir, comprendre, prévoir. L'homme qu'on se propose de former, saura d'abord se servir de ses sens. Il ne se complaira point dans un monde de rêveries et de chimères, mais il restera toujours en contact avec les réalités. Il n'aura pas l'orgueil de ses conceptions, comme si elles émanaient de quelque influx surnaturel, mais il restera plein de défiance à leur égard, tant qu'elles n'auront pas subi victorieusement l'épreuve des faits. C'est par l'habitude d'une observation toujours vigilante, attentive, scrupuleuse, qu'il possédera un jugement sain. — Non seulement, il aura une représentation fidèle des choses et des faits, mais il saura de plus apercevoir les fils invisibles qui relient les faits entre eux. Comprendre les choses, saisir les raisons cachées et pourtant réelles, voilà la tendance intellectuelle qui se sera sans cesse accrue en lui et qui, au moindre appel, sera prête à entrer en action. — Remonter en arrière pour découvrir les causes, est le meilleur moyen d'aller en avant avec sûreté dans la prévision des effets. Car l'efficacité des combinaisons mentales est en raison directe de l'exactitude obtenue dans la découverte des causes. Et cela est vrai aussi bien de la pratique que de la théorie, surtout quand il s'agit de mettre en mouvement les ressorts subtils de l'activité humaine. En ces matières délicates, l'initiative n'aura chance d'aboutir aux résultats visés qu'à la condition de s'appuyer sur des connaissances certaines. Autrement, les combinaisons les plus ingénieuses ressembleraient à ces toiles d'araignée dont parle Bacon, qui sont d'une grande finesse mais qui manquent de solidité.

Si précieux que soient ces dons de l'esprit, ils n'acquièrent cependant toute leur valeur qu'autant qu'ils sont accompagnés d'un vif et toujours présent sentiment du devoir. La finesse, la sagacité, l'acuité, la pénétration de l'intelligence et toutes les autres qualités de cette sorte qu'il plairait d'énumérer, ne sont rien ou plutôt se tournent en dons funestes, quand elles ne sont pas mises au service du bien. Que nous importe, qu'importe à la société que ce poète soit un habile jongleur de mots et de rimes, si son art sert à glorifier les vices des gueux et à souiller l'autorité paternelle? Qu'importe des orateurs éloquents, des écrivains habiles, des politiques avisés, des éducateurs instruits, si leur éloquence, leur habileté, leur finesse, leur science, ne sont que des moyens plus puissants de faire le mal? La valeur d'une intelligence se mesure à la valeur de ses produits. Membre de l'élite, vous voulez réputation, honneur, gloire? N'oubliez pas que ces biens ne sont rien autre chose que la projection au dehors des idées d'estime et des sentiments de reconnaissance admirative, suscités dans le public. A force d'artifice, il sera peut-être possible d'entretenir pendant quelque temps l'illusion. Mais si les actes, en apparence destinés au bien général, ne sont que des déguisements de la vanité et de l'intérêt, l'illusion se dissipe, et le public, moins capricieux qu'il ne semble, se désintéresse, avec justice, d'œuvres qui ne sont pas faites pour lui. Ainsi le romancier qui, par amour des nombreuses éditions, cherche à éveiller chez ses lecteurs la bête lascive, ne recueille que l'admiration des courtisanes ou des femmes qui aspirent à leur ressembler. Il est déjà puni par là. Il l'est ensuite par l'indifférence ou le mépris qui enveloppe bientôt ce fatras de feuilles noircies.

Les membres de la société qui appartiennent aux classes dominantes ont, par la supériorité même de leur situation sociale, une puissance plus étendue. Mais cet accroissement de puissance ne leur est pas accordé comme un pur don, un privilège spécial, une faveur gratuite. Si le public a consenti à se dépouiller d'une partie de ses droits, ce n'est pas pour donner à ses maîtres de plus grandes facilités pour satisfaire leur égoïsme, ni pour augmenter leur force despotique. Il est sous-entendu que les droits des puissants ont pour corrélatifs des devoirs non seulement chez les sujets, mais aussi et surtout chez les possesseurs mêmes du pouvoir. Le pouvoir n'est institué que pour le bien social. Par suite, il ne reste légitime qu'autant qu'il s'exerce dans ce sens. Une autre conséquence est que, plus le pouvoir est étendu, plus devient stricte l'obligation de le faire servir au bien de la communauté. Ainsi, le chef militaire, a qui l'on a confié le destin d'une armée, n'a pas, pour unique mission, qu'à aller, les jours de revue, parader sur son cheval, revêtu d'un brillant uniforme et la tête coiffée d'un chapeau à panache. Ses responsabilités sont d'autant plus hautes qu'elles sont faites de la multitude de celles qui incombent à des subalternes. Les oublis, les négligences, les erreurs, lui sont interdits plus qu'à tout autre, parce que chez lui toute faute prend aussitôt de plus grandes proportions.

Ces devoirs, compagnons nécessaires du pouvoir, sont les idées de responsabilité et de solidarité. L'homme social doit comprendre qu'il fait partie d'un tout, et que chacun de ses actes a son retentissement sur les autres, parfois sur la société tout entière. Les ramifications du bien et du mal peuvent être plus ou moins cachées, mais elles sont réelles. Elles apparaissent de la façon la plus manifeste chez les maîtres de l'opinion et chez les possesseurs du pouvoir. Un autre devoir non moins essentiel est de ne pas attribuer à sa fonction tout le mérite, pendant que les autres fonctions sont injustement dépréciées. Ainsi, l'homme d'une haute culture ne professe pas de dédain à l'égard de ceux qui sont privés de cet avantage. Il est plutôt modeste. Il sent combien il serait faible sans l'appui des autres, de ceux qui peinent en des travaux souvent rebutants et qui, par là, lui rendent possibles ses visions d'art et ses contemplations scientifiques. Il sent aussi combien, malgré ses recherches et même ses progrès, il reste toujours loin d'un but qui fuit sans cesse devant lui...

L'idée du devoir resterait impuissante et stérile sans une volonté forte, énergique, suivie, persévérante. *Force de la volonté, voilà la qualité maîtresse* qui donne à une élite toute sa valeur et qui sert à la caractériser. Or, que faut-il entendre par là?

La psychologie qui s'inspire trop exclusivement de
la méthode subjective, a parfois abusé de l'abstraction.
Pour les besoins de l'analyse, elle détache les qualités
des êtres auxquels elles sont inhérentes, et, grâce à la
complicité du substantif qui les désigne, a la fâcheuse
tendance à les considérer comme des entités indépen-
dantes. Souvent même, ce fantôme de réalité est
écarté, et, de tout le travail analytique de l'esprit, il
ne reste guère qu'un mot. En particulier, il en est ainsi
pour la volonté qui pour beaucoup semble un simple
assemblage de lettres ou de sons, mais un assemblage à qui l'on prête, sur la foi d'autrui, une sorte de
pouvoir magique. Or, la volonté n'est pas une de ces
forces occultes dont le moyen âge a fait un si scandaleux abus. Elle est une réalité positive, car elle tient
aux fibres de notre être. Elle est une expansion de la
vie, une manifestation de la personnalité qui, par un
mécanisme interne d'une grande complexité, réagit
aux impressions du dehors.

Avoir de la volonté c'est tout simplement agir.
L'homme indolent et paresseux vit éternellement
dans l'attente de quelque conjonction d'astres extraordinaire, qui lui fournisse l'occasion de mettre en mouvement ses muscles et son esprit. Celui qui aspire à
jouer un rôle en vedette, ne se contentera pas d'agiter
des idées et de les laisser flotter dans l'esprit, comme
ces images qu'une eau tranquille réfléchit avec indifférence. Il est énergique. Dans les occasions difficiles,
il ramasse toutes ses forces, il tend tous les ressorts
de son activité pour surmonter les obstacles. Mais son
énergie n'est pas l'effervescence d'un jour. Chez lui, la
volonté n'est pas inconstante, mobile, capricieuse, se

proposant un objet et, à la première difficulté, y renonçant pour faire une nouvelle tentative, destinée
bientôt au même sort. Elle est durable, persévérante,
attachée à un même objet, tant que l'inutilité prolongée de l'effort n'a pas démontré qu'elle deviendrait de
l'obstination et de l'entêtement. Elle est aussi courageuse, mais sans témérité ni bravade.

Mais ce qui caractérise plus particulièrement l'élite,
c'est le courage moral et la suite dans la conduite.
Celui qui appartient aux classes dirigeantes doit tenir
compte de l'opinion, mais ne pas s'y asservir. La foule
est souvent portée à des mouvements irréfléchis, aux
emballements désordonnés du cheval qui sent mal le
frein. Certes, il y a danger à s'opposer à ces courants
populaires, danger matériel, danger aussi pour la réputation, tout au moins pendant la durée de la crise.
Cependant le devoir impose la résistance. Aussi, je ne
sais quel chef d'émeutiers invoquait une piètre raison,
quand, pour excuser sa participation à des actions
criminelles, il disait à ses juges : « J'étais leur chef, il
fallait bien que je les suive! » La cohérence, la logique dans la conduite, exigent non seulement des
principes bien arrêtés, mais aussi une volonté assez
vigilante pour ne jamais perdre de vue les principes,
assez forte pour ne pas se laisser détourner de sa ligne
par les mille incidents de la vie. Pour être maître
des autres, il faut être maître de soi-même. Et cette
maîtrise de soi ne s'obtient qu'à la condition, non
d'être l'esclave des circonstances extérieures, mais de
les dominer.

CHAPITRE III

MÉTHODE A SUIVRE

Voilà le but fixé. Quelle méthode convient-il de suivre pour l'atteindre?

D'abord il ne faut pas oublier que les institutions so-ciales avec leur personnel constituent des sortes d'or-ganismes vivants, et que, là où il y a vie, les réformes ne doivent être tentées qu'avec une extrême prudence. Cette nécessité d'intervention prudente s'impose par-ticulièrement à l'égard de l'Enseignement secondaire, qui compte un nombre de maîtres si considérable. La chimère qui hante l'esprit de tous les réformateurs myopes ou dédaigneux des réalités, est de croire que leurs idées, coordonnées d'une façon logique et ex-primées en articles de règlements, vont être aussitôt suivies des faits correspondants. Ils n'oublient qu'une chose, la chose essentielle, à savoir que les maîtres auxquels s'adressent ces règlements ont leurs idées, leurs goûts, leurs habitudes, leurs procédés et leurs méthodes pédagogiques, en un mot, tout un passé, et qu'on ne rompt pas du jour au lendemain avec ce passé.

Ce défaut n'a pas été assez soigneusement évité par les zélés promoteurs des différentes réformes qui se sont succédé en France, depuis 1881. Ces réformes se sont suivies à de trop courts intervalles sans qu'on puisse apercevoir nettement les résultats des modifications introduites. Elles ont été trop nombreuses, peu cohérentes, issues de discussions et parfois presque de querelles entre deux partis (les Classiques et les Modernes) qui se discréditaient mutuellement. De là des tiraillements en sens divers qui déconcertaient le personnel et enlevaient aux professeurs la foi en quelque chose de solide et de durable. Quels résultats pouvait-on attendre de programmes, toujours nouveaux et toujours contestés, qui inspiraient une confiance de plus en plus douteuse aux maîtres chargés de les appliquer? En fait, la situation ne fit qu'empirer, et à la suite de cette médication mal appropriée, elle se transforma en une véritable crise, *la Crise de l'Enseignement secondaire.*

Le péril parut alors si intense et si pressant que la Chambre des Députés chargea « La Commission de l'Enseignement, présidée par M. Ribot, de faire une enquête... Du 17 janvier au 27 mars 1899, la Commission a entendu 196 dépositions dont le recueil forme deux volumes in-4º, à deux colonnes (1). » Si la réforme qui a suivi cette laborieuse enquête n'a pas eu tout le succès qu'on pouvait en espérer, la faute n'en revient assurément ni au zèle du Président, ni aux qualités, souvent éminentes, de ceux qui avaient pris part aux travaux de la Commission et qui comptaient parmi les plus hautes personnalités de l'Université ou du monde des Lettres et de la Science. L'insuffisance

(1) A. Ribot, *La Réforme de l'Enseignement Secondaire*, VII.

des résultats tient au vice même des enquêtes, lorsque les personnalités consultées jouissent d'une grande autorité mais émettent des vues divergentes. Car le rôle du Président est alors bien difficile à tenir. Diriger de haut les débats et tendre à faire prévaloir son avis, serait manquer d'impartialité. Ce ne serait pas non plus une conduite exempte d'outrecuidance, puisque, quel que soit son mérite, le président se trouve en face d'esprits aussi distingués qu'il peut l'être lui-même. Le bon goût et la justice semblent donc exiger qu'on tienne compte des avis divergents et même contradictoires. Et c'est ce qui se produit d'ordinaire. Mais de là résulte, quelle que soit la dextérité apportée à l'opération, un mélange d'éléments réfractaires, que l'on unit d'une façon apparente, mais qui tendent à se séparer et à faire, comme des époux mal assortis, assez mauvais ménage.

A ces critiques on pourrait en ajouter une autre. C'est que, dans l'application des réformes, l'Administration universitaire ne s'est pas assez préoccupée d'une règle essentielle dans l'emploi des méthodes positives. Qu'il s'agisse de théorie ou de pratique, le savant qui a une idée, ne l'adopte pas, si vraisemblable qu'elle lui paraisse, sans l'avoir soumise au contrôle de l'expérience. Or, pour que ce contrôle soit en même temps efficace et pratique, il faut que les expériences soient variées. Car, c'est en éprouvant successivement divers procédés qu'on pourra, par une comparaison attentive, établir avec quelque sûreté la valeur respective de chacun d'eux. Après ces essais préliminaires, il n'y a plus d'imprudence à tenter l'entreprise en grand, par l'emploi de toutes les ressources dont on dispose. Telle est la marche que suivent l'inventeur et l'industriel, conscients de leurs responsabilités et soucieux du succès.

Cette sage méthode n'a pas été employée dans l'Université. Les réformes ont été trop nombreuses et réalisées à de trop courts intervalles, de sorte que les résultats, fâcheux ou utiles, n'ont pu être rapportés à leurs causes précises. De là, de l'incohérence, des inconséquences, une incertitude croissante, et finalement, après de magnifiques promesses jamais réalisées, un scepticisme qui naissait et grandissait chez les maîtres les plus disposés à la confiance.

Un autre défaut, peut-être plus grave est d'avoir donné à chacune des réformes un cadre trop rigide. Dès qu'une rénovation est décidée, on l'applique partout d'une façon intégrale, sans s'être assuré à l'avance, par des expériences limitées, s'il n'y aurait pas des retouches à introduire. De plus, l'application est uniforme, quelle que soit l'importance des établissements. Cet inconvénient de l'uniformité s'est particulièrement fait sentir dans la dernière réforme. Car si le plan d'études nouveau pouvait convenir aux lycées qui ont une grande population scolaire, il y avait de grands risques à courir, pour qu'ils fussent mal appropriés aux collèges et aux petits lycées. C'est ainsi que la répartition des élèves en quatre cycles à partir de la seconde, est impraticable dans les petits établissements ou oblige à des réunions de classes, contraires à l'esprit de la réforme et, en fait, très dommageables, parce qu'elles imposent aux maîtres un enseignement bâtard qui ne s'adapte bien ni aux modernes, ni aux classiques.

Ces échecs ou, pour être plus juste, ces demi-réussites, nous conseillent plus de prudence. Au lieu de vouloir, sous prétexte de progrès, tout bouleverser, il faudrait user de beaucoup de circonspection, et dans la réforme morale et dans son application. Ces réserves faites, voici les vues nouvelles qu'on proposerait d'introduire dans l'*éducation* secondaire.

Par une obscure mais réelle suggestion, les choses matérielles, lorsqu'elles sont familières, agissent sur les dispositions intimes. Soucieux d'utiliser ces influences subtiles, l'Etat et les villes ont donc sagement agi, en élevant, partout où les besoins étaient plus urgents, de nouvelles constructions, plus spacieuses, où l'air, la lumière et le soleil seraient distribués avec moins de parcimonie que dans les anciens bâtiments. La plante humaine, à l'âge de son développement rapide, s'étiolerait à l'ombre, entre les murs étroits. Ce n'est pas, du reste, seulement le corps qui profite de classes bien éclairées, de dortoirs aérés et spacieux, de cours ensoleillées, de propriétés de plaisance où les internes viennent, les jours de congé, prendre leurs ébats. L'esprit en est plus alerte, plus vif, plus lumineux. L'impression des choses extérieures peut même pénétrer plus avant. Il n'est pas impossible que la propreté, la régularité, une certaine beauté d'ordre physique, ne donnent à la sensibilité une délicatesse qui se communiquera à la conduite morale.

Cependant, pas d'exagération à ce sujet. Ne l'oublions pas, ce n'est pas avec des pierres, si bien agencées soient-elles, qu'on peut faire des volontés fortes et bien ordonnées. Aussi les attaques contre les anciens établissements nous paraissent bien imprudentes. Quel tort d'avoir comparé à des geôles ces vieilles maisons qui avaient abrité tant de générations de travailleurs ! Par zèle malentendu de rénovation, les maîtres les plus autorisés les ont déconsidérées. Ils se sont joints au chœur bruyant des mauvais élèves qui les appelaient irrévérencieusement « le bahut ». Il était pourtant si facile de leur conserver le respect dû à leur vieillesse et aux leçons de sagesse qui se seraient dégagées de leurs murs antiques, pour peu qu'on y mît du sien. Dans les couloirs, sous les arceaux d'un vieux collège, qui était jadis quelque couvent de moines, voltigent, au moindre mot évocateur, les fantômes de ceux qui ont passé là. La figure de quelques noms plus illustres se détache mieux éclairée et plus nette. En prêtant l'oreille, on pourrait encore entendre ces anciens condisciples dire le secret de leurs succès.

Ce secret, c'est d'embellir la demeure interne. Car c'est elle-même, avec tous les ornements dus à notre activité que nous projetons au dehors, par une sorte de mirage bienfaisant. L'esprit n'est pas un simple miroir qui reflète fidèlement la forme et la couleur des choses. Il peut être un foyer lumineux et incandescent, qui rayonne au dehors sa chaleur et sa lumière, embellit les choses de ses propres couleurs et les gratifie d'une forme que la photographie ignore.

D'une prison sur moi les murs pèsent en vain ! (Chénier.) C'est donc le fond qui importe, c'est-à-dire la qualité des élèves.

Le meilleur moyen d'obtenir une élite intellectuelle et morale, serait d'opérer un choix parmi les enfants, en ne conservant, comme dignes de recevoir la culture classique, que ceux qui, par leurs dispositions natu-

relles, seraient capables de profiter de cet enseignement. Le caractère est, en effet, une donnée primitive,
dont il n'est point permis de négliger la haute importance. Certes, il est modifiable. Mais il l'est dans des
limites qui ne pourraient guère être dépassées que par
un concours de circonstances, dont les éducateurs, en
fait, ne disposent pas. Autant il faut s'élever avec
force contre la croyance à l'immutabilité du caractère,
quelle que soit l'intensité des forces modificatrices
qu'on y applique, autant il serait utopique de prendre
à la lettre la vieille comparaison de l'enfance « semblable à l'argile et capable de prendre indifféremment
toutes les formes ». Sans recourir ni aux hypothèses
métaphysiques, ni aux lois encore si obscures de l'hé-
rédité humaine, les faits prouvent d'une façon sura-
bondante que les lycées et les collèges sont encombrés
d'élèves réfractaires à toute culture. Quel service on
leur rendrait à eux et à la société si, pressentant leur
nullité, on avait pu les dissuader d'y venir, par leur
longue assiduité sur les bancs du collège, discréditer
les études classiques et contribuer dans une large mesure, à ce que les ennemis des humanités et de l'enseignement universitaire appellent « la faillite de l'éducation laïque ». Une élimination préparatoire serait
donc des plus désirables. Mais comment la pratiquer
avec quelque sûreté?

Dans les établissements congréganistes et similaires,
le triage s'opère de deux façons. D'abord, par le
coût élevé de la pension qui écarte tous les enfants
dont les parents n'ont pas une situation de fortune
suffisante, ensuite, par le choix de sujets particulièrement distingués qu'on élève à frais réduits, mais à la

condition qu'ils se rendent dignes de cette faveur par leur travail, leurs succès et leur conduite.

Le premier crible a ses avantages. Il sert à donner une sorte d'homogénéité au groupe des élèves, homogénéité qui a son prix, parce qu'elle peut contribuer à la formation d'un bon esprit scolaire. Malheureusement, cette homogénéité n'est que superficielle et ne porte presque exclusivement que sur des marques extérieures. Or, comme l'éducation ne se propose pas pour but de parer l'automate et de lui apprendre à faire, dans chaque circonstance, les gestes et les mines dictés par le protocole variable de la mode, . l'argent, qui rend habile à se procurer le veston du bon faiseur, ne peut servir de critérium pour distinguer ceux qui sont destinés à acquérir les élégances, non du costume mais de l'esprit. Certes, les manières ne sont pas dépourvues d'influence sur les sentiments, mais à une condition, c'est qu'on ne les considère pas comme l'essentiel de la conduite.

D'ailleurs, la valeur de ce procédé de sélection fût-elle moins incertaine, il faudrait s'en priver dans les établissements d'instruction publique. Accorder un privilège à la fortune serait tendre à rétablir, sous une forme peu déguisée, l'existence de classes fermées. Ce qui serait contraire au principe légitime de la Démocratie. Et, en effet, les honneurs et les distinctions ne doivent y être accordés qu'au mérite. Or, comment le mérite pourrait-il se faire jour, chez ceux qui seraient tenus systématiquement à l'écart des avantages dus à une culture supérieure? l'État, justement préoccupé du soin d'égaliser le plus possible les chances, a donc eu raison d'abaisser le prix

des pensions et de multiplier les bourses. Cette double
mesure se recommande, non seulement au nom de la
justice abstraite (qui n'est pas toujours praticable),
mais encore pour l'utilité sociale qu'il est permis d'en
retirer. Les faits le prouvent. Il n'est pas d'obscur
collège qui ne puisse revendiquer l'honneur d'avoir
tiré, du peuple ou de la petite bourgeoisie, des
hommes éminents dans la littérature, dans l'art et
dans la science. Pour n'en citer qu'un exemple, mais
typique, Pasteur a commencé ses études à Arbois qui
n'est même pas une sous-préfecture. Il a pu ensuite,
mais grâce à ce début modeste, les continuer au lycée
de Besançon et à l'Ecole Normale supérieure. Toutes
les richesses, nées de cette éducation, seraient perdues
si l'on n'avait pas eu la sagesse d'ouvrir toutes grandes
au fils du petit tanneur d'Arbois, les portes de l'Université.

Le principe des bourses est excellent. Mais la façon dont il est pratiqué n'est pas à l'abri de la critique. Les bourses sont données à la suite d'un concours, ce qui est bien. Mais on les soupçonne de n'être
pas attribuées d'après la valeur réelle des candidats.
La politique, dit-on, n'est pas étrangère à leur répartition. De là des élèves médiocres ou même de mauvais élèves, qui, protégés par de puissantes recommandations, traînent dans les classes, malgré leur
paresse, leur intelligence engourdie, ou même, malgré leur dissipation et leurs écarts de conduite. En
principe, la bourse peut être retirée à ceux qui s'en
montrent indignes. En fait, cette mesure n'est prise
que dans des cas très rares et d'une extrême gravité.

Cette indulgence excessive ne sévit pas seulement à l'égard des boursiers, sorte de fonctionnaires aussi inamovibles que ceux de la magistrature assise. Elle se montre encore à l'égard du cancre avéré, du bavard impertinent, du perturbateur habituel, qui jouissent d'un privilège analogue, parce qu'ils font « nombre ». Les administrateurs, que cette hantise du nombre obsède, ne peuvent se décider, par un renvoi volontaire, à diminuer les effectifs d'une « unité ». Quand il s'agit d'un interne payant, on comprendrait à la rigueur ces hésitations de la part d'un principal qui tient un collège à son compte et qui redoute, par une exclusion, de porter atteinte à son budget de recettes. Mais cette raison égoïste n'existe pas dans les lycées et dans les collèges en régie. Et cependant, alors que cette « unité » serait aussi abstraite, aussi vidée de toute substance que son symbole mathématique ; alors que le cancre serait réduit à l'état de ligne verticale dans une colonne, ce chiffre — 1 —, solide comme un pieu fixé en terre, ne peut être déplacé, tant sa suppression menacerait de détruire l'équilibre d'une statistique aussi fragile qu'ingénieuse. Pour être juste, la responsabilité de ce fétichisme du nombre doit être, en partie, reportée sur les chefs qui accordent une valeur exagérée à la valeur d'une addition.

Puisque l'occasion se présente d'examiner la valeur et la portée pratique de la statistique, il ne sera pas hors de propos, dans une question de méthode, de montrer que, s'il est bon d'en user avec discrétion, il ne faut pas en avoir la superstition, en cédant trop facilement au prestige des chiffres et des graphiques.

La statistique, qui peut rendre de si grands services dans les sciences économiques, risque de devenir la plus décevante des méthodes, quand on accorde trop de foi à ses symboles, là où ils sont, comme dans les sciences morales, privés de leur réalité essentielle. Qu'on compte le nombre des voyageurs ou le poids des marchandises qui ont circulé, à des tarifs déterminés, sur une ligne de chemin de fer, rien de mieux. Le nombre et le poids suffisent, puisqu'ils sont les indices certains des profits réalisés, c'est-à-dire de la chose importante. Mais, quand il s'agit de ces impondérables que sont les choses morales, la statistique devient un instrument d'une fausse précision. Elle néglige l'essentiel pour mettre en relief ce qui ne l'est pas. Ainsi, qu'importerait, pour mesurer l'importance du mouvement poétique dans un pays, de compter le nombre des volumes imprimés ou même des pages et des lignes, et d'énumérer avec exactitude tous ceux qui s'intitulent poètes, parce qu'ils font imprimer, à leurs frais, des vers que leurs amis intimes ne lisent pas toujours? L'étude d'un sonnet de Hérédia vaudrait mieux que l'entassement de tous ces chiffres.

Il en est de même partout où il s'agit moins de quantité que de qualité. Or, c'est précisément le cas pour l'élite des écoles, pour ces futurs dirigeants qui doivent se distinguer par des qualités supérieures. Si pour faire illusion, on grossit le total, en entassant pêle-mêle, sous un signe identique, les bons avec les non-valeurs ou même les quantités négatives, on use, consciemment ou non, d'une sorte de supercherie aussi funeste à la pratique qu'elle est peu conciliable avec la représentation fidèle des choses. Et, en effet, une vérité bien acquise, c'est que les individus ne vivent pas, chacun, dans une sorte de sphère close, sans exercer d'influence sur les autres et sans en recevoir à leur tour. Chacun perd une partie de sa personnalité pour participer à la vie collective du groupe dont il fait partie. Il est une constatation encore plus redoutable pour ceux qui sont trop épris des graphiques et des cadres statistiques, c'est que, dans le monde moral, la communication entre les esprits se fait suivant une loi analogue à celle qui régit le monde physiologique. Les gens sains de corps ne transmettent pas leur santé aux malades, mais ce sont les malades qui répandent la contagion autour d'eux, en souillant de leurs impuretés les eaux des sources, ou en soufflant dans l'air, de leur haleine empoisonnée, des germes pathogènes. Un phénomène analogue de contamination, mais cette fois de contamination morale, se produit dans les lycées et les collèges, quand on n'épure pas avec assez de soin le milieu scolaire. Imiter les bons élèves qui sont attentifs, travailleurs, intelligents, n'est pas à la portée de tous. Il est plus facile d'être dissipé, bavard, paresseux, et de se donner des airs d'indépendance ou même de révolte, quand il n'y a à craindre que des admonestations paternelles ou des menaces sans effet. Cet exemple est suivi de préférence. L'esprit de l'établissement est alors tellement perverti que les mauvais font la loi, tandis que les bons ont presque à rougir de leur mérite. Ils sont aussi gênés de leur supériorité que le cygne d'Andersen égaré dans une bande de canards.

Le remède est dans une sélection qui écarte résolument les éléments inférieurs. Dans l'enseignement primaire, où règne le principe de l'obligation, les renvois ne doivent être prononcés qu'à toute extrémité, et seulement à l'égard des élèves ouvertement perturbateurs et rétifs à toute discipline. Mais l'instruction secondaire n'est pas obligatoire, et, par suite, on n'est pas tenu à la même réserve. C'est ce que dit avec beaucoup de justesse la *circulaire ministérielle du 15 juillet 1890*. « Il est vrai, qu'un pareil système de discipline (la discipline libérale) ne serait pas suffisamment armé contre certains élèves incorrigibles. Nous n'entreprendrons pas cependant d'égaler la rigueur de nos châtiments à la force de leurs mauvais instincts. Une telle lutte est l'affaire des maisons de discipline, elle n'est pas à sa place dans une maison d'éducation. Contre des élèves obstinément paresseux, grossiers ou rebelles, il n'y a pas à notre usage d'autre remède que l'exclusion. » Ce précepte pédagogique est fort sage. Mais il ne doit pas ressembler aux armes de parade suspendues dans une panoplie et qui restent sans usage. Il faut en faire une rigoureuse application, et, par une décision de la volonté, imiter cette sélection que la nature, par le simple jeu des forces aveugles, a pratiquée avec succès pour le développement des espèces végétales et animales. L'Université ne doit conserver que ceux qui sont capables de profiter de ses soins. Elle élimine les autres et les renvoie à des occupations qui sont plus en rapport avec leur engourdissement intellectuel ou la grossièreté de leurs tendances. Elle n'essaye pas de les dompter à force de punitions, et elle évite de perdre une partie de son autorité, en donnant à ses détracteurs le prétexte de comparer, même de loin, les lycées à des geôles ou à des maisons de correction.

Au principe de la sélection il conviendra de joindre celui de la séparation, moins impérieux que le précédent, mais cependant de grande utilité encore. Cette séparation consisterait à spécialiser le plus possible les établissements. Ainsi, les uns seraient exclusivement consacrés à l'enseignement classique, sans aucun mélange de cours soit agricoles, soit professionnels, soit même modernes. Le premier avantage de cette mesure serait de diminuer la pléthore des grands lycées, dont plusieurs membres de l'enquête parlementaire (Berthelot, en particulier) se sont plaints avec justesse. Avec une population scolaire trop nombreuse, la direction morale qui pour être efficace a besoin d'unité, ne peut plus s'exercer avec cette précision, cette justesse de touche, cette convenance, que donne, seule, la connaissance des caractères individuels. Or, comment, à moins de posséder la mémoire d'un Mithridate, se rappeler les noms, les figures, les principaux traits de caractère, des 1.187 élèves que, par exemple, comptait Louis-le-Grand en 1886 ? En ce cas, l'élève est forcément exposé, aux yeux du proviseur, à perdre une grande partie de sa personnalité et à n'être plus guère qu'un numéro dans une confuse collectivité.

Un avantage encore plus précieux de la séparation serait de donner son autonomie à chaque genre d'enseignement. Or, comme à notre avis l'éducation est intimement mêlée à l'enseignement, il deviendrait plus facile d'approprier les méthodes éducatives aux buts divers qu'on se propose et de juger avec exactitude les résultats obtenus. En outre, une rivalité de bon aloi s'établirait sans doute entre ces établissements, qui prendraient chacun un esprit propre et s'efforceraient de lui conférer la plus haute puissance.

Tels sont les effets qu'il est permis d'attendre de la sélection et de la séparation. Ils répondent au premier souci de l'éducateur, celui de ne pas gâter les enfants qui lui sont confiés. Mais c'est là un minimum insuffisant à justifier son rôle si élevé. L'éducateur ne mérite ce titre qu'à la condition d'améliorer les natures dont il a la charge.

Dans quelle mesure cette amélioration est-elle possible? Pour éviter de tomber dans le pessimisme ou dans un excès de confiance, il ne sera pas superflu de fixer ces limites avec quelque exactitude.

Les pessimistes refusent au lycée tout pouvoir bienfaisant, quand ils ne lui attribuent pas une influence néfaste. Les détracteurs de l'enseignement secondaire ne craignent pas de dire que le lycée rend sans doute les jeunes gens plus instruits, mais aussi plus habiles à sophistiquer leur conduite. Les autres, pleins d'une belle assurance, se jettent dans l'extrême opposé. Ils accordent à l'enseignement une puissance absolue, comme si les années, passées sur les bancs du collège, pouvaient donner une connaissance détaillée et complète de toutes les circonstances de la vie, et fournir les règles de conduite assurées pour chacune de ces circonstances. Or, rien sur ce point ne peut remplacer l'infinie diversité des expériences concrètes, que la vie doit présenter plus tard et qui réclament, chacune, une solution particulière. Car le maître n'a donné et n'a pu donner qu'une règle abstraite, qui n'est faite que pour des cas généraux et par suite simplifiés. Il faut donc, pour les applications pratiques de l'avenir, tenir compte des circonstances accessoires que l'abstraction avait écartées. Ce qui se fera par une adaptation intelligente de la règle au cas spécial dont il s'agit.

Mais, si l'adulte néglige de faire ces corrections nécessaires, il s'expose à des déceptions qui discréditent la règle à ses yeux et le mettent sur la voie du scepticisme moral. Il remarque que, pour avoir suivi à la lettre l'enseignement donné à l'école, il a été dupe, et, comme on se fatigue bien vite de ce rôle, il est porté à rejeter en bloc une morale qui convient peut-être à des enfants, mais non à des hommes. D'autre part, les qualités exigées de l'élève ne sont pas toujours celles que réclame l'exercice d'une profession avec la variété des obligations qui incombent à l'homme vivant d'une vie indépendante. Celui qui a montré le plus d'application et de goût dans les travaux proprement scolaires, ne réussit pas toujours le mieux à se débrouiller au milieu des événements si complexes de la vie, où il faut lutter non avec des idées, mais avec des réalités. Les habitudes prises dans la vie scolaire n'ont donc, si excellentes soient-elles, ni la souplesse voulue pour s'adapter à un genre de vie différent, ni la fermeté nécessaire pour résister aux grands assauts dont l'existence est souvent menacée.

La vérité, ici comme ailleurs, se trouve dans une sorte de milieu. L'éducation du lycée n'est pas capable, sans doute, d'enfanter des prodiges de vertu ;

mais elle n'est pas non plus dépourvue de toute efficacité. Elle éclaire la conscience, et la munit de règles qui, dans les cas les plus fréquents, peuvent être suivis en toute confiance. Si par hasard l'événement se complique de circonstances accessoires et insolites, l'esprit, habitué à la réflexion, n'est pas pris au dépourvu. Il sait que la règle ne doit pas être appliquée avec trop de rigueur, mais qu'elle doit subir les modifications requises pour s'adapter à la situation actuelle. Ce n'est point par une déduction sèche — on le lui a appris — qu'il aboutirait à une conclusion judicieuse, mais, averti des écueils que présente une logique rigoureuse et abstraite dans les matières morales, il raisonne plutôt *par analogie*, en tenant compte non seulement des ressemblances avec le cas abstrait pris pour type, mais aussi des différences. Certes, la morale prescrit à l'élève de ne pas mentir, mais, si plus tard, cet élève est devenu médecin, il n'ira point, par respect servile et inintelligent de cette prescription, tuer son malade en lui assénant brutalement la vérité.

Il en est de même des habitudes contractées au collège. Elles sont excellentes, non seulement pour le but spécial et actuel qu'on poursuit, mais aussi pour l'avenir. A une condition toutefois. C'est qu'on les transpose, pour ainsi dire, de manière à les approprier à une situation nouvelle, situation qui comporte d'autres travaux, d'autres obstacles, d'autres rapports. Or, cette accommodation de l'activité est praticable. Car l'élève n'a pas été dressé à des actes automatiques, qui auraient à se dérouler d'une façon aveugle et toujours dans le même ordre. Au contraire, la première de ses habitudes a été d'apprendre à observer et à réfléchir avant de mettre en mouvement les ressorts de l'action. Cependant, il faut le reconnaître, cette énergie morale que l'éducation a infusée dans les cellules cérébrales plus encore que dans les fibres musculaires, ne constitue pas une réserve inépuisable. Comme toutes les autres forces vitales, les tendances qui sollicitent au bien ont, pour être conservées, besoin d'être entretenues par une pratique régulière. Si les circonstances sont peu favorables à cette pratique, les fruits de l'éducation primitive sont compromis. Mais, parce que l'éducation du lycée n'est pas la panacée propre à guérir toutes les misères morales, il serait peu équitable de l'accuser de complète inefficacité. Elle peut beaucoup, elle ne peut pas tout.

Les prétentions sont ainsi plus bornées. Mais, dans ces limites restreintes, il est permis d'espérer qu'elles seront plus sûrement réalisées. Le tout est d'employer les meilleurs procédés pour fortifier les tendances élevées, et pour entraver celles qui portent à la bassesse et à la vulgarité.

Les ressources ne manquent pas, mais il ne faut volontairement en négliger aucune. Pour cela, les éducateurs ne doivent jamais perdre de vue ce principe de la raison pratique, à savoir que, si les changements ont toujours leurs causes, la réciproque est également vraie. Tous les agents, toutes les forces et jusqu'aux influences muettes des choses, tout produit (particulièrement sur ce délicat appareil enregistreur qu'est l'enfant) des modifications parfois peu perceptibles sans doute, mais à coup sûr toujours réelles. Une pa-

role, un geste, un sourire, moins que cela encore
impressionne des esprits jeunes, neufs, avides de nouveautés, et d'autant plus disposés à accueillir les empreintes nouvelles qu'elles émaneront de personnalités plus hautes. En outre, ces empreintes seront
d'autant plus longtemps conservées qu'elles s'accor-
deront mieux entre elles.

La conséquence de ce double principe est évidente.
Si tout agit et, pour agir avec force, doit conspirer,
il faut que l'élève soit, pour ainsi dire, enveloppé
d'une atmosphère morale, où il se meuve sans cesse
et où il aspire, par tout son être, les subtiles effluves
de délicatesse, de dignité et d'honneur, en même
temps que les souffles fortifiants de fierté, de grandeur, de force et de courage.

Les bâtiments scolaires, avec toutes les pièces qui
les composent, seront tenus avec une extrème propreté. Souvent les garçons, empressés de terminer
leur tâche, procèdent pour le nettoyage des classes, à
larges coups de balai. Il en résulte que la poussière
n'est pas enlevée, mais simplement déplacée. Elle
voltige dans l'air, prête à envahir les poumons, et,
après avoir tourbillonné quelque temps, elle va se dé-
poser sur les tables et sur le bureau du professeur, en
une couche si épaisse qu'il pourrait, à l'exemple des
Anciens, y tracer des figures géométriques. Avec un
pareil mode de nettoyage, il n'est pas étonnant que
les microbes de la grippe, de la rougeole, de la scar-
latine et des autres maladies contagieuses, trouvent
dans les classes et les études, un milieu aussi propice
à leur propagation.

Cette propreté purement hygiénique est essentielle.

Mais elle n'est pas suffisante. Le mobilier scolaire ne devrait pas avoir cet aspect miséreux qu'il présente souvent dans les petits lycées de province et surtout dans les collèges, où des municipalités pauvres manifestent leur souci de l'économie par des signes trop visibles. Les tables sont étroites, branlantes, couvertes d'inscriptions si antiques qu'elles pourraient exercer la sagacité des archéologues. Les poêles surtout ont un aspect lamentable. Ils ressemblent à ces gueux qui inspirent à la fois la moquerie, la pitié et l'effroi. La fonte, tant de fois rougie par le chauffage au coke a conservé une teinte jaunâtre que le brossage à la mine de plomb ne noircit pas une fois l'an. Autrefois de forme cylindrique, le poêle a perdu la pureté de sa ligne par un chauffage excessif, et, depuis longtemps, boursoufflé, rompu, mal rattaché par un mauvais fil de fer, il se met, de concert avec les tuyaux mal ajustés ou engorgés, à exhaler ses plaintes, sous forme de fumée et d'oxyde de carbone. Les primaires, qui dans leurs intérieurs, sont cependant habitués à moins de confort, sont sous ce rapport beaucoup mieux traités. C'était, sans doute, justice. Mais il serait temps de la rendre aussi aux secondaires, en veillant à ce qu'aucun établissement ne soit déshonoré par un matériel désuet, malpropre et malsain.

Le but alors ne serait cependant pas encore rempli. Pour être plus accueillante et aussi plus favorable à la naissance des belles pensées, la classe devrait être non seulement propre et munie d'un matériel confortable, mais encore pourvue de quelques ornements simples et de bon goût. Des gravures attachées aux murs pourraient, si elles étaient judicieusement choisies, égayer la salle et inspirer, grâce à la puissance évocatrice de l'art — enseignement muet mais permanent — le goût des belles choses, des sentiments élevés et des nobles actions. Du reste, une façon de donner plus de prix à ces gravures, serait de les renouveler chaque année, au moyen de cotisations versées par les élèves. Nul doute qu'ils ne s'intéressent alors davantage à ce qui serait le produit de leur volonté et le résultat d'un petit sacrifice pécuniaire.

Cependant, quelle que soit l'importance des choses extérieures, elles n'acquièrent toute leur force de suggestion que si elles rencontrent, chez les spectateurs, des dispositions internes en harmonie avec leur propre action. Qualités internes, tel est toujours, en effet, le point central où la théorie aboutit dans ses explications dernières. Tel est aussi le point d'appui qui sert à la pratique pour arriver plus sûrement à son but. Le grand art de l'éducateur n'est pas exclusivement de combiner les choses du dehors, comme si, par des artifices ingénieux, il était possible d'infuser la moralité dans un être sans la collaboration intime de ses facultés. C'est d'éveiller ces facultés, de leur fournir sans cesse des occasions de s'exercer, et, grâce à cette activité incessante et réglée, d'accroître leur puissance d'une façon lente peut-être, mais du moins continue et sûre.

Le meilleur moyen pour l'éducateur de donner l'éveil aux bons sentiments et d'imprimer dans les esprits l'idée de la règle, c'est d'en présenter soi-même les signes bien apparents. Sans des exemples en rapport avec les paroles, les périodes construites avec le plus d'art et prononcées de la bouche la plus arrondie ne sont que des phrases. Ou plutôt, par une sorte d'ironie, qui dans ce cas est justifiée, elles provoquent des sentiments contraires et ouvrent les lèvres de l'adolescent à ses premiers sourires de sceptique.

Les premières preuves que les professeurs ont à fournir de leur mérite, sont relatives à leurs qualités professionnelles. Les élèves sont d'ordinaire des juges très perspicaces du savoir, de la compétence et du zèle de leurs maîtres. Ils sont tout disposés à suivre avec docilité un enseignement dont ils expérimentent, sur eux-mêmes et d'une façon certaine, les satisfaisants effets. Cette appréciation, souvent renouvelée, se condense en habitudes d'estime et de respect.

Arrivée à ce point, l'autorité du maître ne se fait pas sentir seulement dans les matières de pur enseignement. Elle pénètre dans le domaine moral et y exerce une action certaine, bien que peu sensible. Le précepte moral, enveloppé de réflexions littéraires et dissimulé aux milieu d'elles, s'insinue dans l'esprit avec les réflexions qui le recouvrent, et, participant à leur prestige, s'entoure du même prestige.

Ces qualités professionnelles sont-elles suffisantes ? C'est la prétention qu'élèvent les défenseurs de la liberté des fonctionnaires en dehors de leur temps de service. Sans examiner cette thèse dans toute son étendue, mais pour l'appliquer seulement à la question qui nous occupe, les professeurs, ouvriers de pensée, seraient assimilés aux travailleurs manuels qui, leur tâche accomplie et une fois sortis de l'atelier, peuvent à leur gré disposer de leurs loisirs.

Certes, les leçons et les explications données en classe constituent la principale tâche du professeur,

Mais, quand il a franchi les portes du lycée, se trouve-t-il dans la situation du menuisier qui a raboté le nombre de planches fixé par son contrat? Une pareille assimilation serait peu exacte et peu juste. Une besogne matérielle est circonscrite dans des limites précises, et elle se constate par des signes positifs : quand une planche est rabotée, le travail est accompli et définitif. Dans les choses de l'esprit et particulièremeat en matière d'éducation, l'action se refuse à être renfermée dans des bornes aussi déterminées. Elle ressemble plutôt à ces rayons Rœtgen, si subtils qu'ils échappent à la vue, si pénétrants qu'ils traversent les murs. Le professeur ne peut donc, sans manquer réellement à sa fonction éducatrice, scinder son existence en deux et s'attribuer le droit de démentir, dans sa vie privée, les enseignements qu'il donne du haut de sa chaire. S'il n'a pas la force de se mettre partout à la hauteur de l'idéal qu'il recommande à ses élèves, ce ne serait pas, semble-t-il, montrer des exigences exagérées que de l'obliger à ne pas manifester trop bruyamment des idées en opposition directe avec celles qu'il a charge d'enseigner. Un anarchiste avéré n'a plus qualité pour enseigner le respect des lois.

Supposons, au contraire, un maître pénétré de l'importance de sa tâche et soucieux de l'accomplir dans toute son intégrité. Quelle que soit la nature de son enseignement, il n'oubliera jamais qu'il est avant tout un éducateur, l'éducateur de l'élite, et que, par suite, il a pour mission sociale de former des hommes d'intelligence juste, de conscience délicate et de volonté ferme.

Semblable à l'âme cosmique qui, suivant les Stoïciens, donnait la vie et le mouvement à l'univers, l'idée de cette mission sociale, répandue dans toutes les parties de l'enseignement en accroîtrait l'intérêt et la vitalité. Elle resterait souvent invisible, mais serait partout présente et agissante, même dans les matières les plus étrangères à la moralité. Par elle, les mathématiques sauraient, à l'occasion, se dépouiller de leur logique étriquée et sèche. Stimulé par le désir d'être utile, le professeur qui ne serait pas d'ailleurs dépourvu de l'esprit de finesse, ne négligerait pas de montrer que les abstractions, quand on veut les rendre applicables à la vie, doivent, comme Antée, reprendre contact avec la réalité. Sans quoi, rien de plus décevant que l'exactitude et la rigueur du raisonnement mathématique. Quand les corrections dues à l'observation n'ont pas été effectuées, aucun artifice de calcul ne peut conférer à la conclusion ce qui n'a pas été enfermé dans les prémisses. Cela s'applique particulièrement aux faits moraux qui ne se mesurent pas au Vernier-curseur et qui ne se pèsent pas dans les meilleures balances de précision.

Si une matière d'enseignement restait complètement réfractaire aux applications morales, elle devrait être considérée comme une surcharge et bannie des programmes. C'est, du reste, à l'aide de ce critérium que pourraient se trancher, avec le plus d'autorité, les contestations entre les spécialistes, avides, chacun de leur côté, de donner le plus de place possible à leurs études. La place serait accordée d'après l'importance, et l'importance serait mesurée par la valeur éducative. Les programmes en seraient allégés, et cela, au grand profit des individus et de la Société.

Dans l'état actuel des programmes, des parcelles d'or pourraient — avec du bon vouloir et de l'intelligence — être extraites des matières en apparence les plus réfractaires. C'est ce qu'a montré l'enquête sur *l'Éducation morale dans l'Enseignement secondaire*, enquête présidée par M. A. Croiset et à laquelle ont pris part des professeurs éminents de l'Université. Dans une série de réunions tenues pendant l'année scolaire 1900-1901, les diverses branches de l'Enseignement ont été examinées de ce point de vue. Chacune a trouvé des défenseurs désireux de mettre en lumière leur mérite comme instrument de culture morale. Ces défenseurs se sont tous attachés à montrer que, sans avoir besoin de se livrer à une prédication directe, le professeur pouvait, par un emploi judicieux de la *méthode diffuse*, contribuer à la formation d'esprits vigoureux et orientés vers le bien. En particulier, M. Clairin a su faire ressortir l'importance des études classiques et les venger ainsi des reproches injustes qu'on leur adresse. Dans les autres matières, il fallait un certain effort et quelque ingéniosité pour dégager la leçon morale. Ici, elle se présente d'elle-même, ou plutôt l'appel est si direct et si pressant qu'on aurait peine à y résister. « L'Histoire ancienne, grecque et romaine, dit-il dans sa communication très intéressante (1), est une source inépuisable d'enseignement moral... Les faits contemporains, trop rapprochés de nous, trop mêlés de passions encore vivantes, ne conviennent pas pour cet enseignement

(1) *L'Éducation morale dans l'Université*, p. 103 (F. Alcan, Paris).

moral. Par le recul, les faits deviennent plus frappants, plus instructifs. Grâce à l'éloignement, grâce peut-être à un rhéteur, à Plutarque, les personnages de l'antiquité se sont idéalisés, sont devenus des types. »

Et, en effet, quelle profonde erreur de considérer les humanités comme un amusement d'oisif, un jeu de dilettante, une parure propre à ajouter une grâce nouvelle au charme de la vie mondaine, mais déplacée dans une démocratie ! Il est certain que les meilleures choses sont exposées à des abus qui risquent de les discréditer ; *optimi corruptio, pessima,* dit un proverbe latin. Mais le mauvais usage d'une chose ne lui enlève pas les qualités qu'elle recèle et que de plus habiles savent utiliser. En particulier, les études littéraires réclament une souplesse et une pénétration d'esprit, dont la nature n'est pas prodigue. Si ces qualités manquent, l'instrument trop délicat est faussé par des mains inhabiles. Mais si elles existent, quel accroissement de puissance ne peuvent-elles pas tirer de cette merveilleuse condensation de la sagesse que sont les littératures anciennes ! Une sagesse qui se présente sous toutes les formes et qui, le plus souvent enveloppée de beauté, s'insinue dans l'esprit par les voies du sentiment. Grâce au recul du passé, les paroles et les œuvres antiques ont plus d'autorité et de prestige. Elles ne sont pas suspectes de vouloir participer aux luttes contemporaines, pas plus que les auteurs ne peuvent être accusés de s'adresser aux passions pour les émouvoir dans l'intérêt de leur parti. L'École dit-on avec justesse, doit être neutre, en ce sens qu'il ne

convient pas d'enrôler l'élève, désarmé en présence
du maître, dans quelque secte politique ou religieuse.
Or, l'enseignement gréco-latin s'élève tout naturellement à cette sorte de sérénité qui le rend très propre
à former l'honnête homme, sans fixer en lui l'em-
preinte d'un parti. L'avantage de la littérature et de
l'histoire anciennes est de présenter le tableau d'une
civilisation achevée. Par suite, les jugements qu'on
porte sur les hommes et sur les faits, sont plus sûrs.
Car les conséquences lointaines, dévoilées par le
temps, ont rectifié les opinions des contemporains.
Elles ont permis de classer, d'une façon définitive, les
hommes et les choses.

Voilà pourquoi des personnages historiques s'éri-
gent en types des vertus privées ou publiques, en
symboles d'autant plus expressifs que le temps a débarrassé l'être réel des imperfections inhérentes à l'humanité, pour ne laisser transparaître que le sage ou
le héros. La vie épurée de ces sages et de ces héros
dispense de recourir à de sèches définitions. Ou, du
moins, elle les illustre, et, par des images schéma-
tiques qui donnent les traits essentiels d'une vertu,
elle éclaire l'esprit en même temps qu'elle émeut la
sensibilité et qu'elle porte à l'action. C'est ainsi que
Socrate est la personnification de la philosophie.
Son nom suffit à évoquer une figure rude, un extérieur
simple et pauvre, mais une âme exquise, pleine de
finesse souriante et aussi de fermeté courageuse, une
volonté forte qui se dresse contre la fureur égarée du
peuple, un sage qui boit la ciguë en l'honneur des lois
qui le tuent.

Les anciens se transforment, facilement aussi, en

témoins et en juges du présent. La conscience personnelle est trop près des passions pour ne pas être agitée de leurs mouvements. Comme elle est souvent complice, elle n'a pas l'impartialité voulue pour condamner, avec assez de sévérité, des actions qu'excusent les mœurs actuelles. La conscience des grands personnages de l'antiquité, conscience épurée et embellie par la légende intervient alors, et, sous la forme de souvenirs classiques, donne d'impressionnantes leçons. L'image d'un Régulus, roulé dans un tonneau garni de clous, est un témoin gênant pour les Baïhauts modernes, qui mettent leur éloquence au service du mensonge et de la fraude.

Les leçons tirées de l'antiquité n'ont pas toujours cette franchise brutale. Elles s'enveloppent souvent du voile de l'allégorie. — Mais, pour être plus dissimulées, elles n'en pénètrent que mieux dans l'esprit. Leur action plus discrète n'en est que plus efficace. Entre autres légendes, que de choses renferme celle du roi Midas, celle que l'on disait aux petits Athéniens pour empêcher que, devenus grands, ils estiment plus l'argent que la gloire.

A titre d'illustration de la *méthode indirecte*, et aussi pour montrer tout le parti qu'un professeur de lettres, soucieux de la moralité, pourrait tirer de la pédagogie souriante des Grecs, me sera-t-il permis de rapporter cette histoire, transformée par la légende en allégorie morale?

« Midas était un ancien roi de Phrygie, amolli par la paresse et les plaisirs. Il n'aimait ni à monter à cheval, ni à lancer le javelot, ni à s'exercer à la palestre et aux autres jeux virils. Mais, redoutant la fa-

tigue et la chaleur, il restait, la plus grande partie
du jour, étendu mollement, à l'ombre, sur d'épais ta-
pis de Sardes. Le soir, il prolongeait son repas à la
lumière des flambeaux, et, couronné de fleurs, il se
gorgeait de viandes succulentes et de vins récoltés
dans la montagneuse Chios. Aussi, il avait été, de
bonne heure, alourdi par un embonpoint de Silène,
et sa figure ressemblait, pour la rougeur, à celle des
vignerons qui se barbouillent de lie aux Diony-
siaques.

Tout occupé de ses plaisirs, il avait confié le soin de
gouverner son royaume à des satrapes sans vertu. Il
avait choisi pour secrétaire un ancien parasite, qui
égayait les festins de ses plaisanteries grossières et de
ses bouffonneries libertines. Son polémarque ne sa-
vait pas monter à cheval, et il n'avait encore révélé ses
aptitudes militaires qu'en vidant, d'un seul trait et
plusieurs fois de suite, une coupe couronnée de vin.
Son trésorier était seul à la hauteur de sa tâche, en
entretenant dans les coffres du roi une heureuse abondance de drachmes d'or. Il est vrai que c'était au
moyen d'odieuses exactions. Mais qu'importait au
roi Midas quelques oreilles coupées injustement,
pourvu que sa table continuât à être somptueusement
servie ?

Le palais de l'opulente Sardes reçut un jour un
hôte digne de son maître. Attiré par la réputation de
gourmandise, de paresse et d'ivrognerie du roi Midas,
le vieux Silène, le nourricier de Bacchus se rendit auprès du roi Phrygien. On fit pour lui de grandes fêtes.
Les Corybantes du Tmolus parcouraient la ville, les
cheveux épars, agitant au-dessus de leurs têtes de re-

tentissantes cymbales et se livrant à des danses fréné-
tiques, en même temps qu'elles poussaient de grands
cris en l'honneur de Bacchus : Evohé ! Evohé ! et tous
les habitants, gagnés par le délire, répétaient: Evohé !
Evohé ! Mais ce qui enchantait par-dessus tout Silène, c'était le vin qu'on lui donnait à profusion et
qui, pour la force et le goût, était comparable à celui
qu'aurait préparé Bacchus lui-même.

Ce Dieu, à la prière de Silène, voulut accorder une
très grande faveur à Midas pour le récompenser de
sa généreuse hospitalité. Il promit d'exaucer un des
vœux du roi, quel qu'il fût. Midas n'avait qu'un mot
à dire pour avoir la force d'Hercule, la beauté d'An-
tinoüs, la lyre harmonieuse d'Orphée, le génie poétique d'Homère, une sagesse socratique ou des succès
à la guerre qu'aurait enviés Alexandre. Mais Midas,
qui avait l'esprit plus épais qu'un dur paysan de Béo-
tie, choisit de transformer en or tout ce qu'il toucherait.
Bacchus sourit de la sottise de son protégé, mais,
lié par sa promesse, il accorda le pouvoir demandé.

Le roi prend d'abord plaisir à user de cette puissance admirable. Il touche la coupe d'argent qui ser-
vait à ses fréquentes libations, et le pâle métal reçoit l'éclat de l'or; il touche son sceptre garni de
clous, et le bâton recouvert d'étoffe resplendit; il
touche le bonnet de laine d'un de ses esclaves, et la
souple coiffure est, pour la dureté et pour l'éclat, semblable au casque d'Athéné. Étendu sur le lit du festin,
la tête appuyée sur son bras gauche, il se disposait à
satisfaire sa faim. Il touche son pain de pure farine
de froment, mais ses dents glissent sur le morceau
porté à sa bouche ; il s'étonne, et s'aperçoit que le pain

s'est changé en un dur métal. Il approche avec quelque inquiétude sa main d'un plat chargé d'une viande fumante et dorée, il le touche, et son bras ne peut soulever l'énorme masse d'or. Il saisit sa coupe d'une main tremblante, et le limpide vin de la montagneuse Chios devient plus solide que les glaces de Thrace.

Midas se repent de son imprudence, et il demande instamment à Bacchus de lui retirer ce don funeste. Le Dieu entendit sa prière. Et le roi est tout heureux, de perdre sa richesse en se baignant, suivant l'ordre divin dans les eaux du Pactole, qui, depuis cette époque, roule des paillettes d'or.

Les eaux du fleuve le guérirent de sa maladie de l'or, mais non de sa stupidité. Un jour Apollon et le rustique Pan se disputaient le prix du chant. Ils choisirent Midas pour arbitre. Apollon tire en vain de sa lyre les sons les plus mélodieux. Midas n'est sensible qu'aux pipeaux du Dieu qui préside aux riches pâturages et protège les grands troupeaux de bœufs. Il se prononce en faveur de Pan. Apollon, irrité de tant de sottise, donne aux oreilles du roi la longueur et la forme de celles des ânes d'Arcadie.

Midas, honteux de cette difformité, la cache avec le plus grand soin à tous les regards. Il ne parvient cependant pas à la dissimuler à son barbier qui, n'osant pas divulguer ce secret et ne pouvant le garder, creuse un trou et le confie à la terre. Des roseaux y poussent, et, au moindre vent qui les agite, ils murmurent : « Midas, le roi Midas a des oreilles d'âne ! » (1)

(1) Extrait de la *Grande Revue*, 25 septembre 1891.

Si, par la méthode diffuse, la morale doit se répandre dans tout l'enseignement en lines particules ; si, par la méthode indirecte, on cherche à l'insinuer à la faveur ou à l'occasion d'autre chose, ce n'est pas qu'on veuille l'assimiler à ces parents pauvres dont les vaniteux ont le mauvais goût de rougir. Loin de là. Ces moyens, tout utiles qu'ils soient, ne sont encore qu'accessoires. Un levier plus puissant réside dans une action directe, ouverte, régulière, méthodique.

Puisque la religion, avec l'ensemble de ses prescriptions et de ses défenses, n'occupe plus de place officielle dans les cours secondaires, une place réservée à un enseignement analogue ne peut rester vide sans danger. Il est nécessaire que les mots sublimes de vertu, de devoir et d'honneur ne soient pas prononcés seulement au hasard d'une explication de texte ou d'une lecture littéraire. Pour qu'ils acquièrent toute leur force de frein moral, il faut qu'ils s'incorporent dans un cours complet, où les différentes parties s'unissent par des liens de solidarité et se consolident mutuellement.

Ce cours doit se faire d'une façon régulière, à jour et à heure fixes, avec un titre propre, et suivant les indications déterminées du Plan d'Etudes. Conformément aux décisions du Conseil supérieur, le décret ministériel du 31 mai 1902 en a décidé ainsi, et, depuis le mois d'octobre de la même année, des cours de morale sont prescrits pour tous les élèves des deux dernières classes du premier cycle (4º et 3ª), et ils se font par un maître spécial, une heure par semaine, pour chacune de ces deux classes.

De quelle façon ces leçons doivent-elles être données pour porter des fruits réels ? Deux méthodes sont en présence.

Les uns recommandent les entretiens familiers, où le maître se fait aimable et souriant, dans la crainte que l'élève n'accepte pas avec assez de docilité des conseils dont l'amertume n'aurait pas été assez adoucie. C'est trop, semble-t-il aux adversaires de cette méthode, c'est trop de défiance à l'égard des idées morales. Tant de précautions porteraient à croire que ces idées ressemblent aux pilules pharmaceutiques qui ne sont prises par le malade que si elles s'enveloppent d'une réglisse trompeuse. Aussi, les partisans d'une exposition enjouée de vérités sérieuses ne s'en tiennent pas là. Aux entretiens et récits familiers, ils recommandent de mêler des questions où, par l'emploi renouvelé de la maïeutique socratique, on provoque l'élève à découvrir de lui-même les vérités et les règles morales. L'élève n'est plus ainsi une simple réceptivité passive, mais devenu colloborateur du maître, il déploie une activité plus vive et plus fructueuse, parce qu'il s'intéresse davantage à ce travail de découverte.

Ce procédé passe volontiers à notre époque pour une sorte de dogme pédagogique, un dogme intangible. A l'examiner dans sa réalité, a-t-il cependant toute la valeur qu'on lui attribue, surtout quand on l'applique à des enfants et dans les questions morales ?

La dialectique, qui est l'art de questionner et de répondre, c'est-à-dire, une sorte de duel d'idées peut présenter des avantages, quand elle est pratiquée entre des hommes d'égale valeur intellectuelle, mais qui, d'opinion différente, agitent une question et la présentent sous ses faces opposées. Du choc des idées peut alors jaillir la lumière. Encore faut-il pour cela avoir affaire à des esprits loyaux qui mettent la vérité au-dessus de leurs passions et de leur amour-propre. Le plus souvent la discussion n'a d'autre résultat que d'ancrer davantage chacun des adversaires dans sa propre opinion. Si les choses se passaient ainsi dans les classes et qu'on laissât aux élèves une pleine liberté, on arriverait vite à former de petits ergoteurs, des apprentis en sophistique, des présomptueux tout fiers de se mettre au niveau de leurs maîtres, tout heureux de montrer à leurs camarades leur habileté raisonneuse et leur audace contredisante, toujours prêts à poser des questions captieuses ou saugrenues, et d'autant plus obstinés dans leur opinion que le professeur aura eu le tort de prolonger plus longtemps cette lutte dérisoire.

On réplique qu'un professeur adroit n'agira pas ainsi, mais qu'à l'exemple de Socrate, il posera une série de questions qui amèneront le jeune interlocuteur à une conclusion prévue, la conclusion vraie.

Il faudrait pour cela une habileté de parole, une souplesse d'esprit, une maîtrise de la sensibilité, que la nature ne prodigue pas avec tant de libéralité. Supposons, cependant, chez le maître, un doigté toujours sûr et un esprit préparé aux réflexions les plus inattendues. Supposons aussi, chez les élèves, une bonne volonté toujours prête à deviner la réponse désirée, par la forme même de la question en même temps que par les jeux expressifs de la physionomie. Est-ce que les « oui, Monsieur ; non, Monsieur », obtenus à grand'peine, peuvent réellement passer pour une découverte et pour un exercice de la faculté inventive ? C'est le maître qui a tout fait et qui, sous une forme déguisée, a enseigné d'une façon dogmatique. Pourquoi alors donner à l'enfant l'illusion de croire qu'il a trouvé ce qu'on lui a soufflé ? La bonne intention ne justifie pas cette sorte de tromperie qui, érigée en principe, se renouvelle à chaque classe. La loyauté, qui est surtout de mise dans un cours de morale, exige donc que le professeur se montre tel qu'il est, c'est-à-dire, dans son rôle de maître, un maître qui enseigne une science à des élèves qui l'ignorent.

La *méthode dogmatique*, qui procède par affirmations et démonstrations, appuyées de faits judicieusement choisis, est non seulement la plus sincère, mais aussi la plus féconde. Le maître parle avec autorité, l'autorité que lui confère sa science, garantie par des diplômes et acquise par une expérience personnelle ainsi que par la pratique de l'enseignement. Accompagnées de l'accent, du geste et de la physionomie, ses paroles s'impriment en maximes moins douteuses, parce que leur évidence n'est point troublée par le souvenir d'objections et de controverses qu'il a eu la prudence d'écarter. Elles se fixeront aussi en règles plus obligatoires, parce qu'elles resteront pénétrées du respect qu'il avait su inspirer à ses auditeurs, au moment où il les prononçait. Cette méthode est, du reste, loin de laisser l'esprit inactif. Elle le provoque aussi à l'action, mais à une action réglée qui ne se disperse pas en efforts mal concertés. Elle dirige l'effort dans le sens où l'élève peut arriver au seul genre de preuve que comportent et son expérience très limitée et ses connaissances encore si restreintes.

En matière morale, la recherche personnelle est si peu appropriée aux facultés naissantes et aux courtes vues de l'écolier, que de bons esprits, et d'un libéralisme peu suspect, se demandent si la liberté des professeurs eux-mêmes ne devrait pas être renfermée dans certaines limites. M. Lalande, alors maître de conférences à la Faculté des Lettres de Paris, aujourd'hui professeur-adjoint à la même faculté, s'est particulièrement constitué le défenseur d'un projet d'entente entre les professeurs. « Même en morale, dit-il (1), l'esprit individuel ne saurait s'enfermer en lui seul et s'affranchir de sa relation avec d'autres esprits. D'où la nécessité de la formule débattue par les hommes compétents, puis acceptée pour signe de ralliement jusqu'à nouveau progrès. »

L'idée d'accord est à retenir. Car il est inadmissible non seulement qu'on puisse dire avec Pascal « Vérité en deçà des Pyrénées, erreur au delà », mais encore que les principes fondamentaux de la morale varient d'un lycée à l'autre, suivant les connaissances du Professeur, son expérience de la vie, sa tournure d'esprit, et surtout d'après ses préférences plus ou moins secrètes en politique ou en religion. L'idée du formulaire sous forme catéchétique est moins heureuse. Par essence, un formulaire est sec ; il s'adresse exclusivement à l'esprit, sans intéresser le cœur et donner aux tendances actives le branle né-

(1) *Revue pédagogique.* Janvier 1908.

cessaire. C'est, du reste, ce que reconnaît M. Lalande qui laisse aux professeurs le soin de corriger par un commentaire, l'aridité des formules. Mais les inconvénients d'un désaccord possible ne renaîtraient-ils point par là ? Le formulaire ne serait que le squelette. Ce qui donnerait la vie à l'enseignement, ce seraient les sentiments intimes qui, seuls, sont capables de communiquer à la pensée la chaleur nécessaire au développement des virtualités morales, encore latentes chez les élèves.

Une question qui n'est pas sans importance est de savoir qui sera chargé du cours de morale dans les classes de quatrième et de troisième, cours essentiellement pratique, et qui doit être un apprentissage de la vie. Pour enseigner l'art de vivre, il faut le bien connaître. Pour le connaître, il faut avoir assez vécu pour que l'expérience et les observations personnelles aient consolidé les principes transmis jadis par les maîtres, pendant qu'au souffle de la réalité s'étaient dissipées illusions, présomptions, idées aventureuses de la jeunesse. L'autorité, née de l'expérience même de la vie, est donc ici plus indispensable que la science livresque. Aussi, quand le professeur de philosophie est encore trop jeune, — fut-il agrégé et d'une érudition à rendre des points à Pic de la Mirandole — il y aurait intérêt à le remplacer par le chef de l'établissement. A une condition toutefois, c'est qu'aucun proviseur ou principal ne serait nommé en cette qualité, sans être pourvu d'un brevet pédagogique.

A cet écueil d'inexpérience de la vie risque aussi de se heurter l'enseignement moral dans la classe de philosophie, confiée souvent à de jeunes agrégés qui, à leurs débuts, n'ont pas dépassé de beaucoup leur vingtième année. Il est vrai que les élèves sont alors plus âgés et que, mieux munis de connaissances et plus capables de réflexion personnelle, ils offriraient plus de résistance à des idées trop éloignées de la direction intellectuelle qu'ils étaient habitués à suivre. Et cependant, qui répondrait qu'une parole vive, animée, juvénile, audacieuse, ne plairait pas à de jeunes esprits avides de nouveautés et d'autant plus séduits par les audaces de pensée que les accepter serait, du moins ils se l'imaginent, se donner un brevet d'indépendance et ses titres d'homme ? Ce danger existe. Les professeurs, qui font un retour sincère sur leurs années de début, ne manquent pas de le reconnaître. Le remède à ce mal ? Il consisterait dans une forte éducation pédagogique donnée plus spécialement aux futurs professeurs de philosophie, dans un contrôle amical exercé sur leurs années de début, enfin dans une indication très nette, très précise, très catégorique de l'esprit dans lequel l'enseignement philosophique serait donné dans les lycées et collèges.

Pas d'incertitude sur ce dernier point. L'érudition n'est pas le but, elle n'est qu'un moyen pour arriver plus sûrement au bien. Telle est l'infaillible pierre de touche qui, pour le professeur, détermine le choix des idées dans son exposition. Tout ce qui éloignerait les élèves du bien moral, doit être écarté comme inutile ou dangereux, alors même que cela fournirait au maître l'occasion de faire briller son savoir ou son talent de parole. Quant aux questions qui peuvent supporter cette épreuve, leur importance, et, par suite, les développements à leur donner devront être proportionnés, le plus exactement possible, à leur valeur éducative.

La règle qui présiderait ainsi à l'enseignement philosophique n'est peut-être pas sans analogie avec les principes du pragmatisme, exposés avec beaucoup de précision par M. Parodi, dans un article de la *Revue de Métaphysique et de Morale* (janvier 1909) : « La vérité d'une idée ne se distingue pas de sa valeur pratique ; bien loin qu'il faille la considérer en soi, dans l'abstrait et comme dans l'absolu, ce n'est que dans et par ses conséquences qu'il faut la juger. » L'accord entre le pragmatisme et notre règle consiste à donner la prééminence au bien, mais il cesse dès que cette prédominance irait jusqu'à l'asservissement du vrai. Le pragmatisme, tel qu'on l'entend ici, ne consiste donc ni à apprécier le vrai par ses résultats, ni encore moins à le déformer pour le mieux accommoder à des croyances qu'on jugerait plus favorables à la moralité. Le vrai, c'est le réel. Par suite, il se constate d'une façon directe, non par ses conséquences, mais en lui-même et grâce aux moyens d'observation dont le savant dispose. Ce n'est pas à l'homme qu'il appartient de modifier la réalité d'après ses désirs. Toute sa puissance se borne à se servir des choses et de leurs propriétés comme de moyens propres à la réalisation de son but. Si, comme nous le croyons, le vrai doit se subordonner au bien, ce n'est pas qu'il doive recevoir de lui un brevet d'existence, mais c'est que, dans l'enseignement secondaire où personne n'a la prétention de donner un savoir universel, *il y a un choix à faire et que ce choix doit être fait en vue de la plus grande réalisation du bien.*

Ces précautions s'imposent d'autant plus en philosophie que la part de l'hypothèse y est plus considé-

rable. Par exemple, s'interdire d'exposer la suite des
théories sur l'origine des principes rationnels et d'en
montrer successivement la fragilité, ce ne serait pas
sacrifier la vérité, ce serait plutôt avoir la prudence
de ne point la discréditer en relevant avec trop de
complaisance les erreurs des plus grands esprits.
Comment, en effet, le scepticisme ne naîtrait-il point
de ces perpétuelles réfutations, où Descartes, Spinosa, Kant et d'autres sont obligés de passer sous les
fourches caudines de l'erreur ?

Les questions de métaphysique prêtent surtout à
ces batailles dialectiques qui ressemblent par trop à
ce jeu du massacre où les marionnettes, criblées de
boules, se renversent et pendent lamentablement la
tête en bas. Conscients du mal que cause l'abus de la
critique, les plus prudents d'entre les professeurs se
contentent d'une exposition historique des principaux
systèmes. Ils s'abstiennent de tout jugement et
laissent aux élèves le soin de choisir. L'impartialité
qu'ils affectent est bien difficile à tenir. Mais, en supposant qu'ils arrivent à réaliser ce prodige d'équilibre, comment serait-il permis d'espérer que les
élèves feront un choix, et un choix quelque peu judicieux, quand le maître, après toutes ses études, se ré-
cuse et avoue ainsi, tacitement, son incapacité de con-
clure ? Les élèves, avec leur perspicacité souvent
aiguisée d'un peu de malice, ne sont pas sans s'apercevoir de l'embarras du maître au milieu de ces doctrines contradictoires, toutes très affirmatives et
toutes incertaines, pour ne pas dire erronées. De
plus, comme ils ne les voient pas dans le milieu historique où elles se sont développées et où elles répon-

daient à des inquiétudes de l'esprit alors dominantes, ils sont frappés surtout de leur bizarrerie. De là, à penser que toutes ces théories, si éloignées des idées modernes, ne sont qu'un jeu propre à illustrer l'adage peu respectueux *nihil est tam absurdum quod non ab aliquo philosopho dici potuerit*, il n'y a qu'un pas, et il ne faut pas s'exposer à ce qu'il soit franchi.

Si toutes les hypothèses métaphysiques ne servent souvent, auprès d'esprits peu mûris qu'à discréditer les parties solides de la philosophie, le remède est facile. Il consiste à accentuer encore le caractère de positivité que les derniers programmes attribuent à la philosophie classique et à renvoyer à l'enseignement supérieur, s'il y a lieu, les derniers vestiges de métaphysique qu'on y avait encore laissés.

Quels résultats ne serait-on pas en droit d'attendre d'un enseignement déjà si fructueux, mais, qui, débarrassé de quelques rameaux parasites, deviendrait encore plus vivace et plus fécond ?

Dans sa partie subjective, la psychologie provoque sans cesse la réflexion, disposition de l'esprit très précieuse, dont M. Malapert fait excellemment ressortir la nature et les mérites. « La réflexion, dit-il, dans *Education morale dans l'Université*, page 198, consiste proprement dans un retour de la pensée sur elle-même ; elle est l'effort que fait l'esprit pour se mettre en présence de lui-même et de ses propres idées ; elle permet de se rendre compte de soi, de voir clair en soi, de s'interroger sincèrement sur ce que l'on pense, sur ce que l'on croit, sur ce que l'on sent, de ne pas juger à la légère, de dissiper le nuage opaque fait de préjugés, d'opinions toutes faites, de convictions factices, de sentiments d'emprunt, d'illusions et de prestiges, qui presque toujours empêchent les hommes de savoir ce qu'ils sont, ce qu'ils veulent, ce qu'ils valent. » L'acuité de la perception interne, pourrait-on ajouter, permet de se rendre un compte plus exact du mécanisme de la pensée. Or, mieux connaître un instrument, n'est-ce pas le moyen le plus sûr d'en faciliter l'usage et d'en accroître la puissance ? Grâce à cette discipline de l'esprit, la rectitude du jugement n'est pas due au hasard d'un bon sens naturel. Elle s'acquiert, ou, du moins, elle se perfectionne et s'affermit. La connaissance des causes les plus ordinaires d'erreur met en garde contre elles. Par exemple, elle empêche l'esprit de s'attacher avec trop de précipitation à des opinions, que l'on n'a pas eu le temps de mettre en présence des vérités admises, pour savoir si elles étaient conciliables avec elles. Elle favorise, par contre, la coordination des idées, et elle contribue à donner de l'unité à l'esprit, unité si utile à l'unité de conduite réclamée par la morale.

L'étude des opérations intellectuelles se complète par la partie de la logique consacrée aux méthodes. Les élèves se mettent par là à l'école des grands penseurs, qui ont su condenser, en de courtes formules, les règles les plus propres à enchaîner les vérités par les liens de la démonstration. Ils apprennent encore, et d'une façon plus sûre, par des exemples où ces maîtres de la science se livrent les secrets de leurs découvertes, les précautions à prendre pour aboutir à des conclusions légitimes. Voilà ce qui donne à l'intelligence la prudence, la vigueur, la souplesse ; voilà ce qui l'affranchit des pratiques routinières, parfois si trompeuses, et lui permet d'approprier plus exactement les décisions de la volonté à la variété des circonstances.

La psychologie et la logique combinent encore leur action pour donner aux jeunes philosophes une vue plus juste de l'homme individuel et de l'homme social. La logique inductive apprend qu'une généralisation légitime ne peut reposer sur l'observation d'un seul être. Désireuse d'arriver à une plus grande approximation de la vérité, la psychologie s'est conformée à cette règle et s'est faite plus objective. Ainsi comprise, elle habitue l'individu à sortir de lui-même et à ne pas s'ériger en modèle accompli de la nature humaine. Elle lui montre que suivant la parole de Spinosa, « l'homme n'est pas un empire dans un autre empire, mais une partie dans un tout » et que, par suite, il a à subir la multitude infinie des actions qui émanentdes hommes et des choses. Elle le prépare ainsi à l'idée de solidarité et aux devoirs qui en dérivent.

Si la psychologie et la logique doivent, malgré leur intérêt propre, s'orienter vers la morale, c'est que la morale est par son importance le centre de l'enseignement philosophique. C'est donc sur elle que le professeur aura principalement à faire porter ses efforts. Quant à la matière de la morale, à sa nature, à la façon dont elle doit être comprise, nous l'avons exposé dans le *Premier Livre* (1) avec assez d'étendue pour qu'il soit inutile d'y revenir. De brèves remarques, surtout d'ordre pratique, suffiront.

Les discussions sur les principes théoriques de la morale risquent de jeter l'incertitude dans les es-

____
(1) *La Conscience collective et la Morale.* F. Alcan.

prits. Il ne faut pas que, sous prétexte de science, le professeur aille par imprudence menacer l'œuvre péniblement édifiée par ses collègues. Par sa compétence reconnue en ces matières, il jouit de plus d'autorité auprès des élèves. Aussi, ce serait manquer de la façon la plus grave à son rôle d'éducateur, s'il ne mettait pas cette autorité tout entière au service de la moralité. Tenu à plus de prudence, mais disposant aussi de plus grandes ressources, il orientera nettement son cours dans le sens de la pratique. Dans son enseignement, la morale sera moins une science qu'un art, mais un art appuyé sur la science, et qui aura par là plus de solidité et de valeur. La psychologie sera encore ici d'un puissant secours. Adroitement employée, elle sera capable de faire pour la formation du caractère, ce qu'un usage judicieux lui avait déjà permis d'opérer en logique pour la culture de l'intelligence. Les deux sciences, morale et psychologie, seront en toute occasion rapprochées et, par une synthèse heureuse, se prêteront un mutuel secours. La morale fixera le but, et la psychologie, par une analyse des causes, indiquera les moyens. Les élèves soumis à ce régime seront moins érudits — d'une érudition qui serait du reste toute de surface — mais ils connaîtront mieux les règles fondamentales de la conduite, et ils seront plus portés à les mettre en pratique.

L'enseignement exerce une action directe sur la pensée, et par là il influe sur les sentiments et sur la conduite. Cependant, si précieuse qu'elle soit, la pensée n'est jamais qu'une phase de l'action. L'éducation resterait donc incomplète, si elle ne s'occupait aussi et d'une façon toute spéciale, des mobiles qui donnent l'impulsion à l'activité et des forces nécessaires à la résistance. Ce rôle très important revient à la discipline.

La discipline qui convient à des élèves destinés à être dirigeants plutôt que dirigés, est une *discipline libérale*, une discipline qui, dans les règlements, laisse le plus de place à la liberté, et qui, dans l'application, s'abstient d'une surveillance trop défiante comme d'une répression trop dure. C'est, d'ailleurs, dans cet esprit qu'ont été rédigés les sages conseils donnés aux maîtres et administrateurs de l'Enseignement secondaire par la circulaire ministérielle du 15 juillet 1890. Le passage suivant est particulièrement à citer : « La discipline libérale cherche à améliorer l'enfant plutôt qu'à le contenir, à le gagner plutôt qu'à le soumettre. Elle veut toucher le fond, la conscience, et obtenir non cette tranquillité de surface qui ne dure pas mais l'ordre intérieur, c'est-à-dire, le consentement de l'enfant à une règle reconnue nécessaire : elle veut lui apprendre à se gouverner lui-même. Pour cela, elle lui accorde quelque crédit, fait appel à la bonne volonté plutôt qu'à la peur du châtiment ; elle conseille, avertit, réprimande plutôt qu'elle ne punit ; son principal moyen d'action est la bonté, non pas cette bonté aveugle et lâche qui laisse tout faire parce qu'elle est incapable de rien empêcher, mais la bonté clairvoyante et courageuse qui a d'autant plus de force pour réprimer qu'elle a tout fait pour prévenir. »

Ce serait, pourrait-on ajouter sous forme de commentaire, une maladresse et une sorte de contre-sens de décourager l'initiative chez ceux qui auront précisément à en montrer le plus dans la suite. Mais, d'autre part, la règle perdrait toute sa signification, si elle ne limitait pas la fantaisie individuelle et si elle était impuissante à en comprimer les écarts. La contrainte est partout nécessaire. Seulement, tandis que chez les esclaves elle a besoin de venir de l'extérieur, chez les natures dignes de la liberté les forces de résistance veillent à l'intérieur et, à la moindre excitation, sont prêtes à repousser les impulsions de l'instinct et de l'égoïsme. L'énergie, dépensée alors pour arrêter une tendance et qui, aux yeux du spectateur étranger, a les apparences du repos et de l'impassiblité, n'en est pas moins une force. Comme toutes les autres forces physiques, elle ne se développera bien que par l'exercice. Sans multiplier les occasions et les rendre trop attrayantes et trop périlleuses, qu'on ne craigne donc pas de laisser parfois les élèves maîtres de leur conduite et de mettre ainsi à l'épreuve leur puissance d'arrêt. Les libertés seraient, du reste, graduées, et elles ne deviendraient plus larges qu'à mesure que les élèves s'en rendraient plus dignes. Il serait toutefois imprudent de supprimer toute surveillance.

Quant à la responsabilité, elle ne ferait jamais défaut. Non qu'il faille ne laisser passer aucune peccadille et déployer tout de suite les plus grandes rigueurs pour des actes qui échappent à la légèreté propre à l'enfant. Un regard, un petit signe de la main, suffisent d'ordinaire pour rappeler l'élève au silence, à une meilleure tenue, à une attention plus éveillée. Un regard plus prolongé est un reproche muet, que le coupable comprend, sans que son amour-propre ait à souffrir d'un blâme public. Un degré de plus dans ces signes de mécontentement consiste à prononcer le nom de l'élève bavard ou dissipé. Si le maître a de l'autorité, le coupable se sentira embarrassé d'attirer sur lui l'attention peu sympathique de ses camarades, et parfois leurs regards et leurs sourires ironiques. Il est plus dangereux d'infliger un blâme direct. Piqué dans son amour-propre, l'élève supporte difficilement cette humiliation publique. Il a beaucoup de peine à ne pas manifester son ressentiment par un hochement de tête ou quelque autre signe de cette sorte. La faute alors s'aggrave. Elle s'aggrave d'autant plus que la classe est interrompue, et que les élèves deviennent témoins et juges du conflit. Avec quels regards vont-ils suivre les péripéties de cette lutte! Le maître sent son autorité atteinte dans le présent et menacée pour l'avenir. Il s'irrite, perd parfois son sang-froid, dépasse la mesure dans ses reproches. Irrité, il irrite à son tour. Et l'élève, blessé par l'exagération des reproches dont il sent vaguement l'injustice, s'oublie. Emporté par la colère, il réplique avec insolence. De plus en plus exaspéré, le professeur n'est plus guère maître de lui, crie, gesticule, serre les dents et les poings et, à défaut de pouvoir recourir aux coups trop formellement interdits par les règlements, il expulse avec violence le délinquant. Nous sommes loin de la morale.

Tout ce tapage, avec les conséquences inévitables qui en résultent, aurait pu facilement être évité. A une condition toutefois, c'est que le professeur, pénétré lui-même des vérités morales qu'il enseigne, prenne l'habitude de ne pas céder aux tendances à l'ironie ou aux impulsions de la colère. Rien de plus dangereux que la recherche et l'abus de l'esprit. Dans le monde, des gens, plus spirituels que sages, sacrifieraient plutôt dix amis qu'un bon mot. Dans une classe, le professeur qui se plaît trop à provoquer les sourires malicieux, n'est pas toujours heureux dans ses plaisanteries. S'il est bon de rabattre des prétentions excessives, il faut le faire avec mesure, avec sérieux, et s'interdire les critiques blessantes qui engendrent la haine. Les conseils ou même les reproches donnés après la classe, en dehors de la présence des élèves, ont surtout une grande prise sur le coupable, plus disposé à reconnaître sa faute et à suivre des avis dont il sent mieux alors l'utilité. Les écarts de langage sont particulièrement funestes, car ils autorisent les jeunes gens à les imiter. Au contraire, rien de plus propre à consolider l'autorité, que d'user en toute circonstance d'une grande politesse, même à l'égard des moins âgés. Une épithète malsonnante décourage ou irrite, parce qu'elle porte sur l'être tout entier et signale un défaut de nature. Dites à un élève qu'il est un menteur, un hypocrite, un imbécile, un idiot,... — si les murs des collèges et des lycées étaient semblables à des phonographes, ils répéteraient ces mots et bien d'autres, — dites à un élève un de ces mots, et vous le mettez dans cette alternative : ou il vous croit, et alors il ne tente plus d'effort pour sortir d'un crétinisme qu'il juge incurable ; ou il ne vous croit pas, et alors, révolté de tant d'injustice et de si peu de clairvoyance, il nourrit un ressentiment qui éclatera à la première occasion. Des résultats tout autres seraient obtenus, si le maître s'était contenté de signaler la faute, en montrant en même temps les moyens de la réparer et aussi les qualités qui l'accompagnent et en diminuent la gravité.

Cependant, la bonté ne doit pas être soupçonnée d'être l'effet de la peur ou la marque de la faiblesse. De temps à autre, il n'est pas mauvais que la voix se fasse plus ferme et le regard, plus aigu. Si ces menaces muettes ne suffisent pas, ainsi qu'il arrive avec des natures plus indociles, il n'y a d'autre ressource que de recourir à des peines positives, seules capables de convaincre un esprit de son erreur de jugement et de forcer une volonté rebelle.

Il y a toute une échelle de punitions autorisées par les règlements, échelle qui va depuis la mauvaise note jusqu'à l'exclusion de la classe et le renvoi de l'établissement. La plus élémentaire prudence exige que le maître ne néglige pas les degrés inférieurs et qu'il se garde bien de bondir, aussitôt et à tout propos, jusqu'aux échelons des pénalités les plus graves. Il ressemblerait au militaire imprévoyant qui, à la moindre alerte, userait toutes ses munitions et se trouverait désarmé au moment du véritable danger. Loin d'agir avec cette imprudente précipitation, le pédagogue, avisé et maître de lui, tient la punition en suspens. Il la laisse à dessein dans le vague, un vague qui inquiète d'autant plus le coupable qu'il sait moins ce dont il est exactement menacé. L'imagination de l'élève, avec sa tendance à l'exagération qu'aiguise encore la peur, grossit le mal possible et elle devient ainsi une heureuse auxiliaire du maître.

La mauvaise note, en particulier, a d'excellents

effets, lorsqu'elle est donnée avec discrétion, c'est-à-dire, lorsqu'elle est graduée et exactement mesurée sur la faute. Comme elle est la marque sensible d'un blâme, elle porte d'autant mieux que le maître a plus d'autorité, et que, d'autre part, elle est suivie, dans les familles et auprès de l'administration, des sanctions voulues. Quant aux punitions réelles, celles qui consistent en un travail supplémentaire ou en une privation de liberté, il faut, quand elles deviennent nécessaires, les appliquer avec fermeté et, pourrait-on ajouter, sans scrupule. A notre époque, les maîtres de l'enseignement secondaire sont unanimes à se plaindre du relâchement de la discipline. Les libertés, accordées pourtant d'une main si généreuse, se transforment en licences abusives et engendrent un désordre grandissant. Les élèves, habitués à l'ancienne discipline, ne s'étaient pas tout d'abord aperçus que les ressorts s'étaient relâchés, et, par la vitesse acquise, ils suivaient les anciennes règles. L'expérience les éclaira peu à peu. Elle leur apprit bientôt que le maître subit, par une sorte de choc en retour, le contre-coup de ses propres punitions. Cette solidarité dans la peine est une consolation. La punition ainsi partagée se mêle d'une satisfaction malicieuse mais si réelle qu'elle perd toute son efficacité. Ce qui est un très grand mal.

Au contraire, la punition qui frappe seulement le coupable est un bien, un très grand bien. Et, en effet, les peines atténuées du collège ressemblent à ces virus bienfaisants qui donnent à l'organisme un trouble bénin, mais qui l'immunisent contre la maladie sous sa forme dangereuse. Supportées pendant la jeunesse, elles sont le meilleur préservatif des souffrances futures. Longtemps après que le souvenir des punitions se sera effacé, leurs effets persisteront dans l'inconscient et feront que l'acte coupable, pénétré à jamais de l'amertume de la douleur, provoquera aussitôt et d'une manière spontanée, les répugnances du sens moral. Ces analogies entre la médecine et la morale sont très réelles. Le professeur de philosophie ne manquera pas d'attirer l'attention sur elles et de les rendre ainsi plus frappantes. Loin de fuir le médecin, dira-t-il, le malade l'appelle et il accepte les remèdes douloureux qui doivent lui apporter la santé. Or, ce ne sont pas seulement les viscères qui peuvent être atones ou trop facilement excitables. Les fibres nerveuses sont sujettes aussi à rendre les sentiments trop vifs ou trop émoussés, la volonté trop lente ou trop impétueuse. Le remède à ces excès réside également dans la souffrance, soit physique, soit morale. Loin de regimber contre elle, il faudrait donc plutôt se réjouir d'avoir à la subir de bonne heure et d'acquérir, par là et à si peu de frais, un capital de santé morale, d'équilibre de sentiments, d'énergie et de bonheur durable.

L'expérience montre qu'il en est souvent ainsi. Les professeurs qui ont la main ferme et qui, à l'occasion, savent user d'une juste sévérité, sont d'ordinaire les plus respectés et les plus aimés de leurs élèves, qui ont le sentiment obscur de l'utilité d'une règle et de la nécessité des sanctions. Rappelons, à ce sujet et comme conclusion, les fortes paroles de Nietzsche : « Une discipline sévère restera ce qu'il y a de plus désirable, une discipline au bon moment, c'est-à-dire à l'âge où l'on est fier de voir exiger beaucoup de soi-même. Car c'est là ce qui distingue la dure école, en tant que bonne école, de toutes les autres ; il faut exiger beaucoup ; il faut agir avec sévérité... Il faut que le blâme soit sévère... Une pareille école est nécessaire à tous les points de vue : pour le corps comme pour l'esprit ; il serait néfaste de séparer ici (1).

Réprimer le mal est parfois nécessaire ; exciter au bien vaut encore mieux. Mais comment donner à l'activité l'élan voulu pour surmonter les obstacles qui s'opposent à la réalisation immédiate du bien ?

Le bien véritable — ne craignons pas de trop le répéter — consiste moins dans la possession des avantages extérieurs que dans l'acquisition des qualités internes. Or, contrairement aux mauvaises habitudes, filles d'une volonté capricieuse qui cède trop facilement à l'attraction du plaisir actuel, les habitudes utiles naissent lentement, avec effort et avec peine, d'une activité laborieuse, incessamment tendue vers un but éloigné. Tout à l'heure, pour vaincre le plaisir, il fallait y attacher le boulet de la souffrance. Par une association analogue, mais faite dans un sens inverse, l'éducateur saura atténuer la peine de l'effort, et, s'il est assez habile, il parviendra si bien à la faire oublier que le plaisir sera seul senti.

Cette union de l'effort avec l'espérance, qui est un plaisir anticipé et rendu actuel par l'imagination, est une loi générale de la pratique. Dire que les élèves échapperont à cette loi, dire qu'ils devront accomplir

(1) *Volonté de puissance*, tome II, trad. fr. p. 249.

des actions pénibles, exclusivement par devoir et sans avoir besoin des stimulants de la sensibilité, c'est d'abord commettre une injustice. Car on veut imposer à des jeunes gens et même à des enfants, qui ont à faire l'apprentissage de la fermeté, ce qu'on n'exige pas des hommes, dont la volonté a eu le temps d'acquérir toute sa force.

La suppression des récompenses scolaires serait de plus une erreur et une faute de psychologie appliquée. L'erreur consiste à méconnaître la puissance des mobiles qui ont leur origine dans la sensibilité, et à concevoir une humanité qui pourrait être supérieure, mais qui a l'irrémédiable défaut de ne pas exister. La faute est de la nature des utopies où pour se proposer un idéal de perfection irréalisable, on se perd en une agitation stérile, sans accomplir les travaux nécessaires qui ont l'avantage d'être mieux en rapport avec les facultés humaines. Le mieux est encore ici l'ennemi du bien.

L'appel à la sensibilité est donc légitime. Mais de quelle nature doivent être les récompenses ? Tout ce qui ressemble à un salaire doit être proscrit. Un salaire suppose un service rendu, le sacrifice de quelque bien personnel au profit d'autrui. Or, rien de pareil n'existe dans le travail des élèves. Ceux-ci travaillent pour eux, non pour leurs maîtres. Ils n'ont rien à sacrifier. Au contraire, ce sont des favorisés qui utilisent des institutions sociales coûteuses et qui peuvent, grâce à elles, acquérir plus facilement les biens les plus précieux.

Les seules récompenses qui ne sont pas en opposition avec les principes de l'éducation libérale, doivent être d'ordre moral. Au lycée, il faut bien se garder d'aiguiser la cupidité et de montrer aux élèves, même sur une échelle réduite, que les efforts n'ont d'autre objectif que l'argent. La récompense, sous quelque forme qu'elle se présente, éloge, note, satisfecit, prix, diplôme, doit être essentiellement et exclusivement un témoignage, une preuve de mérite.

Bien qu'il ne consiste qu'en paroles, l'*éloge* peut être d'une haute efficacité, lorsqu'il est rare, mesuré, donné par un maître compétent et juste. Aux modestes, aux timides, à tous ceux qui, soit par une disposition naturelle, soit par le fait d'une éducation trop sévère, sont portés à douter d'eux-mêmes, il inspire la confiance en soi, confiance sans laquelle l'activité manque de ressort. Il confirme les autres dans la bonne opinion qu'ils ont de leurs qualités, et il confère au sentiment intime, si fugace par lui-même, la solidité d'un jugement objectif.

Les paroles s'effacent bien vite. Pour prolonger leur action et accroître ainsi, leur valeur, il faut les fixer dans la *bonne note*, exprimée par un chiffre. Le chiffre permet de tenir une sorte de comptabilité, commode, parce qu'elle fournit des renseignements exacts aux élèves et aux maîtres ; précise aussi et équitable, parce que, consultée facilement, elle met en garde le professeur contre l'exagération d'impressions trop récentes. Le passé survit dans les notes antérieures et rétablit l'équilibre exigé par la justice.

Les bonnes notes quotidiennes sont la menue monnaie de la moralité. Totalisées par semaine ou par quinzaine, elles donnent naissance au *satisfecit*, témoignage tangible et durable de la satisfaction du

maitre. Dans certains établissements, le *satisfecit* sert
au rachat des punitions et à l'obtention de sorties de
faveur. Cet usage détourne, semble-t-il, l'éloge de sa
vraie signification, et tend à lui donner une sorte de
caractère mercantile qui n'est pas à approuver. Que
pour une faute accidentelle on use d'indulgence à
l'égard d'un bon élève, rien de plus juste, et de
meilleur. Mais qu'on lui permette de se constituer une
réserve de *bons de punitions* n'est-ce pas lui donner
la tentation de les utiliser ?

Les *prix* viennent ensuite. Ils ont été longtemps
considérés comme le couronnement naturel du travail
et des succès constatés pendant l'année. On pensait
que leur distribution ne pouvait se faire avec trop de
solennité. Les représentants du gouvernement, les
membres de la municipalité, les magistrats, les officiers, les fonctionnaires de tout ordre, les personnalités les plus marquantes de la finance, du commerce,
de l'industrie et des arts, venaient se joindre aux professeurs, pour témoigner par leur présence de l'intérêt
qu'ils prenaient aux études secondaires. Dans le discours d'usage, le professeur n'était pas hypnotisé par
la crainte du pédantisme. Il ne se croyait pas tenu,
comme s'il avait honte de sa fonction moralisatrice,
d'éviter les conseils sérieux, pour faire, sur un ton
badin l'éloge de la bicyclette. Les élèves, à qui on
n'avait pas encore suggéré que le bien suprême était
de devancer l'époque régulière des vacances pour
courir plus tôt sur toutes les routes du plaisir, les
élèves écoutaient avec une attention respectueuse la
parole d'un Littré, d'un Berthelot, d'un de ces hommes
éminents qui prenaient la peine de leur enseigner,

sans flatterie, les voies difficiles du bien. Les lauréats ne pratiquaient pas non plus un magnifique dédain pour les couronnes de « papier peint » et pour les prix, d'une petite valeur marchande, il est vrai, mais qui étaient les symboles de succès constatés et des promesses d'avenir.

Tout cela est maintenant changé. Cette cérémonie autrefois solennelle n'est plus guère qu'une corvée, dont la plupart cherchent à s'affranchir au plus vite. Des maires qui n'ont appris l'éloquence que derrière leur comptoir se fatiguent d'ânonner le discours écrit par un autre. Sous prétexte d'égalité démocratique et d'économie budgétaire, ils refusent les crédits nécessaires à l'achat des volumes. Dans les villes affligées de ces municipalités, c'est la mort sans phrase. Autre part, la tradition se continue, mais en mourant de langueur. Au jour de la distribution, les élèves se sont déjà, en grande partie, dispersés aux quatre coins de l'horizon. Les professeurs, fatigués depuis deux semaines de faire un simulacre de cours dans les classes presque vides ne cachent pas leur désir de suivre cet exemple. Devant cette indifférence des principaux intéressés, les personnes étrangères à l'Université se sentent moins tenues de manifester un zèle si peu partagé. Elles se laissent gagner par l'assoupissement général.

Puis, par cette pente naturelle qui porte les hommes à justifier en droit une situation de fait, les interprètes plus ou moins conscients de l'esprit général prouvent, à grand renfort d'arguments, que la suppression, presque déjà réalisée, est légitime. Ils se livrent à cette démonstration avec l'entrain et l'ingéniosité que déploie un médecin maladroit pour prouver que le malade, qu'il a tué, doit la mort à ses imprudences ou aux défectuosités de son organisme. Voici quelques-unes de ces arguments. Les prix sont contraires à l'égalité démocratique ; ils sont une occasion de tristesse pour les mères qui sont punies des fautes de leurs enfants ; ils excitent la jalousie de « l'élève médiocre », auquel M. Maurice Donnay prête sans doute une âme trop généreuse ; ils gonflent d'orgueil les jeunes lauréats dont le nom est proclamé au milieu des applaudissements et des fanfares ; ils les gonflent aussi d'illusions, parce que les succès scolaires sont loin d'être l'indice certain des succès futurs. En résumé, les prix sont un débris du passé et une école d'immoralité.

Ces critiques ont une part de vérité, ainsi que cela arrive pour les meilleures choses, lorsqu'on veut les envisager sous un faux biais. Il nous semble cependant qu'elles ne sont justifiées ni par la justice, ni par les intérêts supérieurs de la société. En démocratie, l'égalité ne doit pas dégénérer en nivelage ; il est juste que les parents soient responsables de leur direction et que les uns pâtissent de leur incurie et de leur faiblesse, tandis que d'autres recueilleront le fruit de leur sollicitude intelligente ; les jaloux ont tort d'être jaloux : souvent ils ont des compensations dans la richesse ou dans d'autres avantages, qu'ils laissent donc aux autres le plaisir des récompenses scolaires ; il y a peu à s'émouvoir du découragement des médiocres : il n'est pas nécessaire qu'ils encombrent de leur inaptitude les carrières libérales ; quant à l'orgueil, le professeur de philosophie enseignera aux petits mandarins trop prétentieux que, dans la vie, les qualités intellectuelles doivent se doubler des qualités morales, et que, du reste, le faste des brillantes situations importe moins que l'honnêteté.

On reproche aussi aux prix d'être discrédités aux yeux des élèves. Ils auraient conservé leur prestige, s'ils étaient moins prodigués. Mais ils subissent le sort de toutes les distinctions qui s'avilissent par leur indiscrète multiplication. Si les prix ont perdu de leur valeur stimulante, la faute en revient aux maîtres, trop larges dispensateurs de ces distinctions qui ne distinguent plus. Pareille infortune ne semble-t-elle pas menacer ces pauvres palmes académiques qui vont fleurir la boutonnière de gens dignes, tout au plus, de s'asseoir sur les bancs d'une école communale ?

Les diplômes prêtent aux mêmes controverses et donnent lieu aux mêmes justifications. Le baccalauréat, disent ses adversaires, est un brevet d'ignorance encyclopédique. Pour remédier à ce défaut, il suffirait qu'on restreignit le nombre et l'étendue des matières. C'est un coup de hasard qui amène des réussites et des échecs également scandaleux. Des erreurs, certes, sont possibles, mais les appréciations seraient bien plus fausses encore sans les examens. D'ailleurs, le mal a été très atténué par l'usage du livret scolaire. On ajoute, les meilleurs bacheliers ne sont pas ceux qui réussissent le mieux dans la vie. Que de déclassés ! Que de désillusions qui se tournent en haine et font des révoltés à la façon de Jules Vallès ! Donc, au lieu de délivrer sa trompeuse estampille, l'Université serait plus sage de se contenter d'un simple certificat constatant qu'un élève a suivi régulièrement les cours depuis telle époque jusqu'à telle autre. Dans ce projet se montre, semble-t-il, moins l'impuissance de discerner le mérite que l'envie de supprimer toute distinction. Rien d'étonnant à ce que, semblables aux mauvais ouvriers qui ne veulent point du travail aux pièces, les gens médiocres aspirent à la disparition d'une épreuve qui a autrefois mis au jour leur paresse et leur insuffisance. Mais d'où vient que des esprits distingués ou même éminents partagent cette hostilité ?

Remarquons d'abord que les adversaires du baccalauréat sont loin d'être en majorité, puisque le Conseil supérieur de l'Université a, malgré de vives attaques, maintenu cette suprême sanction des études. Du reste, il ne serait pas impossible que certains de ces adversaires subissent d'une façon plus ou moins inconsciente, l'influence de cette fausse égalité démocratique, si contraire à la justice et au bien des individus comme à celui de la société. Pour les plus éminents, on pourrait croire qu'ils sont égarés par leur supériorité même. En leur qualité parfois d'examinateurs, ils sont frappés des imperfections qu'ils sentent actuellement chez les candidats, mais ils ont oublié la stimulation permanente dont ils ont bénéficié jadis à la pensée des examens et des concours auxquels ils devraient prendre part. Que les spécialistes en mathématiques, en littérature, en histoire ou en philosophie, se scandalisent donc moins de quelques bourdes échappées à des candidats de dix-huit ans, et que, pour accepter avec moins de regrets la corvée des examens, ils songent aux effets bienfaisants qu'attribuent à la perspective d'une épreuve importante les professeurs de l'enseignement secondaire, les plus capables de trancher la question avec justesse. Or, les préparateurs au baccalauréat, s'appuyant sur une expérience immédiate et sans cesse renouvelée, sont, en majorité, d'accord pour affirmer que la prévision de l'épreuve finale tient en haleine les élèves, et que, dans les dernières années surtout, elle sert à entretenir la tonicité des facultés intellectuelles et morales.

Les maîtres, chacun en ce qui les concerne, doivent bien se pénétrer de l'importance des indications ou règles énoncées dans les pages précédentes. Soucieux de leur faire porter tous leurs fruits, ils doivent aussi ne jamais oublier que l'éducation est la partie essentielle de leur tâche.

Mais les efforts des meilleurs ne peuvent acquérir toute leur efficacité que s'ils sont coordonnés. Le nombre des maîtres, leur variété d'origine, leurs divergences d'idées et de méthodes, constituent le plus grave écueil où risque de se heurter l'éducation morale dans les lycées et les collèges. Le moyen de donner aux bonnes volontés individuelles toute leur puissance, c'est de les amener à concourir entre elles, dans un accord semblable à celui qui règne entre les divers organes d'un être vivant : il faut organiser les forces éducatrices.

Dans l'état actuel des choses, l'organisation du personnel est ce qui laisse le plus à désirer. Les répétiteurs ne sont point du tout préparés à leur fonction pédagogique. A peine sortis des bancs du collège, ils sont presque exclusivement livrés à eux-mêmes pour la direction de la trentaine d'élèves confiés à leur inexpérience. Les professeurs sont mieux adaptés à leur tâche. Ils sont plus instruits, plus âgés, plus sérieux, plus expérimentés. Mais ils vivent trop isolés. Ils s'ignorent mutuellement, et ils agissent d'une façon indépendante, chacun suivant ses idées, ses goûts, les tendances de son caractère ou les obscurs suggestions de son tempérament.

L'unité d'action pourrait venir de l'autorité supérieure qui règlerait la liberté de chacun et qui l'empêcherait de franchir les limites au delà desquelles elle risquerait de tomber dans la fantaisie ou le caprice individuels. Malheureusement les administrateurs, proviseurs et principaux, n'ont pas le prestige qu'inspirerait une réelle supériorité. A tort ou à raison, les principaux passent pour d'habiles industriels, plus désireux de faire des gains rapides que de la morale. Les proviseurs sont plus considérés, mais encore suspects. On attribue leur élévation moins à leur valeur professionnelle qu'au hasard de recommandations extra-universitaires. En tout cas, ni les uns, ni les autres ne méritent leur investiture par une valeur pédagogique bien constatée.

Les autres supérieurs hiérarchiques, inspecteurs d'académie, recteurs, inspecteurs généraux, jouissent d'une plus grande autorité. Les avis qu'ils donnent sont écoutés par leurs subordonnés avec déférence et un désir sincère de les suivre. Mais le malheur veut que le désaccord, pour ne pas dire l'incohérence, règne parfois dans ces hautes sphères de l'université. Ce sont des astres brillants, mais dont les influences se contrarient. Les uns condamnent avec force ce que d'autres recommandent avec ardeur. Chargés d'assurer partout la régularité des méthodes et la bonne exécution des programmes, quelques-uns, trop attachés à

leurs préférences personnelles, essayent de faire prévaloir leurs idées et leurs vues sur les décisions nettement contraires du Conseil supérieur. Comment alors
les maîtres, tiraillés en sens divers, pourraient-ils
avoir la fixité dans les idées, la fermeté dans la conduite, et l'élan nécessaire à une bonne direction
morale ?

Tous ces graves défauts n'auront chance d'être cor-
rigés que par une préparation spéciale à la fonction
éducatrice, préparation qui doit être réservée à l'Enseignement supérieur.

CHAPITRE IV

ENSEIGNEMENT SECONDAIRE DES FILLES

A une élite masculine doit correspondre dans la société une élite féminine. La tâche des paysannes, des ouvrières de la ville, a son utilité sociale manifeste, utilité d'où la grandeur et la beauté ne sont pas nécessairement exclues. Mais le travail manuel n'est pas la forme unique que doive prendre, partout et toujours, l'activité féminine. Dans nos sociétés modernes, si complexes et où règne avec tant d'empire la division du travail, il serait inconséquent de faire, à ce sujet, une exception pour les femmes, dont toute l'intelligence n'aurait jamais alors à s'appliquer qu'aux besognes ménagères et aux soins de l'intérieur. Pourquoi ce que l'on vante si fort quand il s'agit de l'homme, deviendrait-il aussitôt inutile ou même nuisible, lorsqu'on veut l'appliquer à l'autre sexe ?

Sur ce point, les partisans du féminisme ont complètement raison. Mais de ce principe juste ils tirent souvent des conséquences exagérées et fausses. Leur principal tort est de vouloir ériger la femme en rivale de l'homme. Ils l'encouragent à se lancer dans toutes les carrières, et à y conquérir l'égalité ou même la suprématie qui lui reviendrait à elle aussi bien qu'à lui.

Grisées par ces louanges, les plus audacieuses d'entre les femmes ne sont pas loin de se considérer comme formant une sorte d'espèce distincte. Fidèles au principe darwinien de la concurrence vitale, elles revendiquent hautement les mêmes droits que ceux de l'homme, et elles se préparent, par une lutte ouverte, à lui disputer la place dans tous les ordres d'activité. La gloire militaire, seule, ne paraît pas les tenter...

L'erreur fondamentale, commise ici, réside dans une fausse conception de l'unité sociale. Cette unité n'est pas, comme semblent le penser les féministes, l'individu, mais le couple. L'homme et la femme sont distincts, différents, sans doute, mais non indépendants et encore moins nécessairement hostiles. Leurs facultés bien que semblables dans le fond, se présentent cependant sous des modalités diverses. Ils se complètent, ils ne se répètent point. Leur accord se fait à la façon, non pas de l'unisson, mais de l'harmonie. D'ordinaire, leurs fonctions sont diverses, mais elles concourent entre elles pour aboutir à une fin utile aux deux parties. Alors même que l'activité s'exerce en des matières analogues, il n'y a pas lieu de soulever des conflits. L'accord est encore ici possible et la diversité légitime, parce que, si la note fondamentale est la même, le timbre et la sonorité de la voix diffèrent. Ainsi, en art, en littérature, en éducation, la femme n'a pas à copier servilement les procédés de l'homme. Mais plus elle saura montrer d'originalité, plus aussi elle aura chance d'être intéressante et utile soit pour le développement de ses qualités propres, soit pour le bien social. Ainsi, pas de féminisme extravagant, mais une évolution mesurée qui permette à la femme de mieux utiliser ses facultés, et de tendre à une union réelle avec l'homme, union qui ne soit pas une servitude plus ou moins déguisée, mais qui soit faite de l'accord du cœur, de l'intelligence et de la volonté.

C'est dans cet esprit qu'a été tentée, en France, et aussi à l'étranger, la réforme de l'enseignement des jeunes filles. Cette réforme, pratiquée avec l'étendue qu'on lui donne partout, n'a point de précédent dans l'histoire. Il ne s'agit de rien moins que de soumettre à une épreuve décisive l'intelligence de la femme et la force de sa volonté, c'est-à-dire, sa puissance propre de se diriger. Faut-il rendre les circonstances responsables de sa faiblesse actuelle, ou, au contraire, son infériorité tient-elle à des dispositions de nature immuables? Voilà la question. De la solution que l'expérience y apportera et est seule capable d'y apporter, dépendra la conduite future des pouvoirs publics. Ou bien l'espoir d'une véritable émancipation intellectuelle sera déçu, et alors il conviendra de maintenir la femme dans une subordination tutélaire, ou bien, grâce à une meilleure éducation, la femme acquerra un jugement plus solide et une volonté plus ferme, et, dans ce cas, elle méritera d'être affranchie d'une longue tutelle, et l'État n'aura plus à lui refuser des droits dont elle saurait, en général, faire un bon usage. L'expérience qui se poursuit en ce moment a donc une suprême importance. C'est une raison pour la réaliser dans les conditions les plus favorables, en accordant à la morale, dans l'enseignement féminin, la place prépondérante qui lui revient là comme ailleurs.

La morale est l'art d'accommoder la conduite d'un être à sa nature et à son rôle. Puisque cette nature et ce rôle ne sont pas complètement identiques, dans l'homme et dans la femme, les règles de vie ne seront pas en tout semblables. Pour éviter des répétitions inutiles, c'est aux différences que nous nous attacherons de préférence.

Dans la société moderne, il y a quatre rôles possibles pour la femme :

1º Elle vise à l'indépendance dans le célibat, un célibat rigoureux. C'est là un état qui l'oblige à lutter contre les tendances les plus impérieuses de sa nature. A moins d'infirmités ou d'espérances mystiques, bien peu s'y décident et s'y maintiennent. Les plus farouches n'ont pas à résister à de nombreux assauts, mais elles cèdent à la première occasion favorable. Un système d'éducation générale ne saurait donc être dirigé en vue de cet état exceptionnel ou du moins transitoire.

2º A l'autre pôle se trouve la femme pliée à la soumission, du moins apparente et légale. Dans ce cas, elle dépend d'un maître qui la traite en esclave ou en idole, suivant son caractère, ses idées, son humeur, ou même ses caprices. Sous ce régime d'arbitraire, ou bien la femme, considérée comme objet de luxe et instrument de plaisir, cède et s'accommode de son sort, ou bien elle se révolte et recourt à la ruse.

L'idée d'installer un petit Sinaï sous le toit conjugal tend à disparaître. Et il n'y a pas lieu d'entretenir péniblement la caducité d'un pareil régime.

3° Comme antithèse à cette union despotique et désuète, les féministes, avides de progrès ou plutôt de nouveautés aventureuses, préconisent le *contrat libre* et affranchi de toutes les entraves légales. L'accord serait fondé sur une sympathie mutuelle, accepté par la raison et maintenu par la volonté. — Idéal sans doute fort beau, s'il était plus compatible avec les imperfections humaines. En réalité, il est le plus souvent une duperie pour la femme, qui risque d'être facilement abandonnée, lorsque le divorce s'opère de lui-même, sans rencontrer les obstacles bienfaisants de la loi.

4° Reste l'union normale, celle qui se fait sous la protection des lois, régulatrices des volontés. Dans cette union, les deux époux s'associent pour la bonne comme pour la mauvaise fortune, sans se menacer, à la moindre contrariété, de départ et de séparation. Le divorce n'apparaît alors que comme une solution extrême, réservée, dans des cas rares, à une situation inextricable. Voilà à quel genre d'union l'éducation moderne doit, avant tout, préparer la jeune fille.

Pour donner à l'éducation des jeunes filles ainsi comprise, une direction plus assurée, il paraît indispensable de fixer nettement le but à atteindre, en traçant le portrait de la femme digne d'être la compagne de l'homme cultivé et honnête.

Quelles sont donc, chez la femme, les qualités les plus propres à maintenir une union équitable, bienfaisante et durable ?

Les qualités purement physiques ne sont ni indispensables, ni suffisantes. Il est heureux, d'une part, que pour se faire aimer, toutes les femmes n'aient pas besoin de posséder la beauté plastique d'une Phryné ou d'une Cléo de Mérode. Mais, d'autre part, il serait imprudent de trop compter sur la régularité de l'ovale, la grâce du sourire et le velouté du regard. Ces dons naturels deviennent dangereux et malfaisants, lorsqu'on s'enorgueillit trop de les posséder. En supposant que les charmes physiques n'entraînent que rarement les catastrophes passionnelles qui alimentent le théâtre et le roman, quel moraliste observateur ignore combien ils perdent vite leur puissance, si d'autres attraits plus intimes ne les .accompagnent? Les attaches sensuelles ne résistent pas longtemps aux tiraillements incessants de causes qui agissent en sens contraire. La coquette, dont la chevelure se hérisse, la nuit et jusqu'à midi, de bigoudis et d'épingles ondulatoires, satisfait sa vanité et s'attire des admirateurs. Mais le mari, qui ne sent guère que les pointes de cette coquetterie, faite pour d'autres, est moins disposé à l'admiration. Il se défie des mèches serpentines et traitresses, et malheureusement sa jalousie n'est que trop souvent fondée.

Même lorsqu'ils sont sincères, les sentiments du cœur sont, eux aussi, impuissants à maintenir l'accord, si la volonté n'est pas assez vigilante pour écarter des défauts habituels ; défauts dont la gravité n'apparaît pas tout d'abord, mais qui deviennent à la longue insupportables par l'accumulation de contrariétés sans cesse renouvelées. Tels sont *le luxe, la paresse,* et *les irrégularités dans le travail.*

Le luxe n'est pas, comme l'a défini Voltaire avec plus d'esprit que de justesse « le superflu, chose très nécessaire ». Mais, d'autre part, il n'est pas nécessairement attaché à toutes ces commodités que l'industrie moderne multiplie et qu'un moraliste grognon, à la façon de Diogène, proscrirait en bloc. Ce sont là deux exagérations. Le luxe, en tant qu'il est condamnable, n'existe que si le nécessaire est sacrifié au superflu, ou si des dépenses excessives viennent rompre l'équilibre du budget familial. Or, la privation du nécessaire fait sentir sans relâche son aiguillon et provoque des discussions de plus en plus aigres. Quant aux dépenses excessives, elles ont des effets si apparents et si funestes qu'une femme est impardonnable de ne pas les reconnaître et de ne pas en tenir compte.

Voici ce que dit à ce sujet Fénelon dans son *Traité sur l'Éducation des filles* : « Le faste ruine les familles, et la ruine des familles entraîne la corruption des mœurs. D'un côté, le faste excite, dans les personnes de basse naissance, la passion d'une prompte fortune, ce qui ne peut se faire sans péché... D'un autre côté, les gens de qualité, se trouvant sans ressource, font des bassesses et des lâchetés horribles pour soutenir leurs dépenses : par là s'éteignent insensiblement l'honneur, la foi, la probité et le bon naturel, même entre les plus proches parents ». Cela est toujours vrai. Aussi les femmes qui tiennent à leur dignité ou à l'estime de leur mari, feront bien de ne pas céder à toutes leurs tentations. Elles auront la sagesse de ne pas imiter ces vaniteuses qui, grisées par les éloges d'un marchand, n'osent pas ne pas choisir l'objet peut-être le plus élégant mais aussi le plus cher.

La femme n'est pas, comme son mari, soumise

aux nécessités d'un règlement extérieur qui fixe la nature et la durée de son travail. La liberté qui lui est laissée n'est pas une raison pour qu'elle s'abandonne à l'indolence et au caprice. Il est juste, au contraire, qu'elle apporte sa contribution personnelle au bien-être commun, en accomplissant dans le ménage une besogne régulière et utile. D'ailleurs, si elle croit inépuisable le sourire d'indulgence qui accueille au début les inexactitudes et les oublis, elle se trompe. Par là, elle s'expose à une maussaderie d'autant plus redoutable qu'elle s'est dissimulée plus longtemps sous le masque de la patience. Un jour que l'inexactitude aura été plus marquée et l'oubli plus grave, le mécontentement interne, lentement accumulé, éclatera au dehors en un reproche incisif. Ce reproche insolite, tant de fois mérité, et toujours remis, passera pour injuste. Il provoquera des larmes qui ne seront pas sans amertume. Voilà des prémisses que la logique du sentiment fera aboutir à une conclusion inévitable, si la raison, avec ses idées de règle et de devoir n'intervient pas à temps : la première atteinte à l'affection aura une nombreuse postérité.

Pour éviter cette fâcheuse génération, il aurait fallu, dès le début et d'une façon régulière, accomplir ces actes qui n'exigent pas un héroïsme inaccessible : dompter par une cuisson suffisante la crudité des légumes ou de la viande, afin de ne pas livrer, à des mâchoires qui ne sont pas celles de l'homme des cavernes, des biftecks récalcitrants ou des côtelettes charbonneuses ; d'une aiguille diligente et modeste, maintenir l'équilibre d'un bouton ou consolider d'une reprise arachnéenne un tissu affaibli ou troué, ne pas

confier les petits enfants à l'étourderie d'une jeune
bonne, pendant que Madame s'abandonnera, de
longues heures, à la griserie d'un bavardage inutile
dans le salon de quelque pintade ; ne pas rentrer trop
tard à la maison, ayant épuisé toutes ses réserves
d'amabilité, et n'ayant plus à présenter au mari que
les restes d'une loquacité qui tombe dans le mutisme
et d'une gracieuseté qui s'éteint dans un bâillement.

L'indolence, le manque d'ordre, l'absence de règle,
sont des causes fréquentes de discussion. Mais d'où
viennent ces défauts eux-mêmes ? Ils tiennent moins
aux dispositions natives qu'à un esprit romanesque,
qui se complaît dans le rêve et que les réalités de la
vie choquent et irritent. A son tour l'esprit romanesque
tient d'ordinaire aux vices de l'éducation de famille. La
jeune fille, surtout quand elle est *l'unique* sur qui se
concentrent les affections du père et de la mère, grandit, objet d'une adoration perpétuelle. Habituée à se
voir traitée en idole, elle n'est pas loin de se considérer comme une petite divinité, dont les caprices font
la loi et dont la majesté ne doit pas se commettre en
des besognes vulgaires. Dans ses rêves d'avenir, elle
élimine tous ces petits prétendants qui n'auraient à
lui offrir qu'une position équivalente à celle de ses
parents. Elle réserve sa divinité pour ces princes de
la finance, rois et magiciens modernes, seuls capables
de satisfaire à ses hautes et légitimes ambitions. Plus
tard, si, lassée d'attendre elle consent à accepter la
main d'un homme de mérite, mais de condition modeste, elle ne perdra pas aussitôt le souvenir de ses
visions d'autrefois. Par une fâcheuse réminiscence, ses
idées chimériques se réveilleront au choc de la réalité,

et le contraste fera sentir comme des épines douloureuses les moindres incommodités. Pleine d'indulgence pour elle-même, elle ne pardonnera pas à son
mari de simples inadvertances, et elle transformera
en de véritables attentats de bénignes observations.
De là des crises de désespoir et de révolte.

Une susceptibilité si pointilleuse fait place à la douceur chez la femme à qui une fausse éducation n'a
pas appris à déformer les choses. Elle n'exige pas de
son mari une perfection qu'elle sait bien ne pas
réaliser, et elle use à son égard de l'indulgence qu'elle
réclame à l'occasion pour elle-même. Elle ne confond
pas une de ces inadvertances qui échappent aux
meilleures natures avec une offense volontaire. Alors
même que l'intention peut être suspectée, elle ne s'em-
presse pas de la relever avec la joie maladroite d'avoir
eu la finesse de la découvrir. Avant d'accuser, elle fait
un retour sur elle-même, et elle a la sincérité courageuse de trouver, dans sa propre conduite, des raisons
qui excusent le ton agressif dont elle a eu, un instant,
à pâtir. L'intelligence rectifie, dans ce cas, les erreurs
de la sensibilité.

« L'esprit, a dit La Rochefoucault, est toujours la
dupe du cœur. » Pensée qui serait vraie, si l'esprit
était condamné à subir docilement toutes les impressions d'une sensibilité sans contrepoids. Il est heureux
pour une éducation qui se propose de prendre son point
d'appui dans la raison, que la raison ne soit pas dénuée
de toute puissance directrice, mais que l'habitude de
découvrir les causes et de prévoir les effets soit capable de protéger la femme contre les écarts de la
sensibilité. C'est ce qu'a exprimé Pascal, avec sa pro-

fondeur ordinaire, dans son *Discours sur les passions de l'amour* : « L'amour donne de l'esprit et il se soutient par l'esprit. Il faut de l'adresse pour aimer. L'on épuise tous les jours les manières de plaire ; cependant il faut plaire et l'on plait. »

L'esprit qui sert à entretenir la vigueur de cette plante délicate qu'est l'amour, n'est pas l'esprit de ruse et d'artifice. La ruse est un moyen habilement dissimulé pour arriver à des fins égoïstes. Mais, si adroitement enveloppée qu'elle soit, la ruse finit toujours par se découvrir, et cette découverte ruine en un instant tout le fruit d'adresses prolongées. L'artifice est une feinte par laquelle on se propose de faire passer l'apparence pour une réalité, de donner l'ombre pour la proie. Certes, la femme n'est pas dénuée d'aptitude pour bien jouer ce rôle de comédienne. Ainsi, une migraine opportune lui permet de s'allonger sur une chaise longue, au moment où une besogne ennuyeuse la réclame. Si elle n'est pas assez crue ou pas assez plainte de sa pose alanguie, elle sait, avec l'adresse d'une tragédienne, tendre ou infléchir les muscles de son visage pour lui donner le masque de la souffrance. Et enfin, si cette mimique n'est pas encore assez expressive, elle a recours — suprême espoir — aux larmes, larmes toujours complaisantes, larmes qui embellissent parce qu'elles rendent l'affection plus tendre et plus admirative. Oui. Mais tous ces artifices épuisent bien vite leur puissance. Il arrive même que l'homme qui a été souvent dupe d'apparences menteuses, ne croit plus à la manifestation sincère, mais accidentelle de sentiments réels.

L'esprit que recommande sans doute Pascal, est

l'esprit de finesse, finesse qui consiste à démêler dans les personnes par une intuition rapide et sûre, leurs dispositions intimes, et à les suivre dans leurs variations. Cette finesse vient, en partie, de l'amour qui tient l'attention sans cesse éveillée sur tout ce qui peut le favoriser ou le contrarier. Et, d'autre part, elle entretient l'amour. Car, c'est grâce à cette finesse que la femme aperçoit les moindres effets d'un acte, d'une parole, d'un geste, et qu'elle peut effacer aussitôt le pli chagrin qu'elle a lu sur la figure de son mari et qu'avait produit sa petite maladresse.

C'est par une sensibilité ainsi réglée par la raison que la femme, véritable collaboratrice de l'homme, devient le plus capable de remplir son rôle moral et social. Elle ne redoute pas le devoir de la maternité, mais elle se fait la propagatrice d'une race saine, intelligente et morale, par l'éducation qu'elle donne à ses enfants, et où elle sait allier la douceur du sentiment à la fermeté de la raison.

L'Enseignement secondaire des jeunes filles doit être résolument orienté vers cet idéal non pas extravagant et chimérique, mais conforme à la nature de la femme et approprié à l'état actuel, un idéal pratique et réalisable. Il faut dire à la louange des Camille Sée, des Gréard, des Marion, des Legouvé, qui se sont particulièrement voués à cette tâche, que les programmes ont été conçus dans un esprit de sage modération.

L'orientation morale, qui nous intéresse ici d'une façon plus spéciale, est satisfaisante. Pour se rendre compte que les organisateurs ne se sont point perdus dans le rêve, mais qu'ils ont toujours voulu garder le contact avec les réalités de la vie, il suffit de considérer la part qui a été faite à *l'hygiène*, à *l'art ménager*, à *l'économie domestique*, aux exercices du corps, à toutes ces choses pratiques qui sont les conditions essentielles de l'honnêteté et du bonheur.

Le cours d'hygiène apprend à la jeune fille que la régularité des repas est nécessaire à la santé, que le corset, en comprimant l'estomac, engendre les dyspepsies, que les teintures nuisent au cuir chevelu et, d'une façon générale, que tous les cosmétiques, pâtes et autres ingrédients donnent au visage un éclat passager, destructeur de la vraie beauté qui est faite d'un sang riche et généreux. Ce sang, qui fait les joues veloutées et les lèvres purpurines, vient d'une alimentation intelligente, appropriée au tempérament et au genre de vie, jugée non d'après les seules sensations du goût, mais d'après les effets produits sur l'organisme. La beauté saine, celle qui se révèle non seulement par les teintes chaudes du visage et l'éclat des yeux, mais aussi par la souplesse et la vigueur, s'obtient aussi par la correction des attitudes scolaires et les mouvements réglés de la tête, du tronc et des membres.

Les travaux de l'aiguille ne sont pas oubliés. Si quelque critique grognon de l'enseignement moderne accusait de bas-bleuisme une ancienne élève de lycée, celle-ci pourrait relever le défi et lui montrerait qu'elle sait non seulement repriser les bas, mais qu'elle est experte dans les reprises remmaillées, dans les reprises à angle, dans les reprises en biais, ainsi que dans les différentes sortes de points : point devant, point de côté, point arrière, point de surjet, point de chausson. Elle le sait et le met en pratique, parce que la maîtresse de couture, aidée en cela par le professeur de morale, lui a appris à ne pas dédaigner ces besognes en apparence vulgaires, mais créatrices et symboles frappants du bonheur qui se tisse, lui aussi, fil à fil.

Avec l'économie domestique, on touche encore de plus près à la morale. Car, c'est dans cette partie du programme que les maîtresses sont chargées de montrer la nécessité de l'ordre, de la prévoyance, de l'économie et de l'épargne.

Enfin vient le cours de morale proprement dit, qui sert à compléter et à ordonner les conseils ou les règles dispersés dans les autres parties de l'enseignement. Les matières du cours, la durée et la distribution de ces cours, toutes ces choses, élaborées avec soin par l'autorité universitaire, ne prêtent à aucune critique fondamentale. Ce qu'on pourrait seulement souhaiter à ce sujet, ce serait de mettre dans un relief plus saisissant *les qualités féminines* qu'il convient de développer chez l'élite, une élite qui serait plus intelligente que riche, mais qui est aussi nécessaire dans une démocratie que dans tout autre état social.

En dehors des devoirs qui s'imposent à tous et à toutes, voici, sans entrer dans les détails, les qualités dont le lycée doit s'attacher à favoriser le développement. Ces qualités sont de même nature que celles dont l'acquisition est recommandée à l'école primaire de filles, mais elles doivent être portées à un plus haut degré de puissance ou de délicatesse.

L'extérieur n'est pas un simple reflet de l'intérieur.

Bauer.   14

Il n'y a pas entre les deux seulement correspondance, mais influence réciproque. C'est pour cette double raison que la femme — guidée par une expérience longuement continuée et transformée en une sorte d'instinct — a toujours attaché une grande importance au costume, à la tenue, à la démarche, aux mouvements du corps et aux jeux de physionomie. Les maîtresses n'auront garde de négliger des préjugés si bienfaisants, quand les raisons, qui les appuient, ne sont ni oubliées ni méconnues. Des détails de costume, une pose, un geste, un coup d'œil fugitif, une ébauche de sourire, n'échapperont pas à leur perspicacité féminine qu'aiguise encore la pratique de l'enseignement. Toutes ces menues choses, sans signification en apparence, seront pour elles des indices du caractère. D'un mot, d'un geste, d'un simple regard, elles sauront corriger une attitude trop hardie ou trop indolente, et, en agissant ainsi sur l'extérieur, elles façonneront peu à peu l'être interne aux bonnes habitudes. C'est ainsi que tout d'abord, sans théorie et presque sans phrase, elles apprendront à leurs élèves la correction dans le maintien et le costume, correction sans raideur, qui pourra s'élever, chez les mieux douées, jusqu'à l'élégance et la distinction. Ensuite, par des avis donnés à propos et toujours avec une brièveté impérative, elles habitueront les physionomies à perdre les grâces minaudières, sans cependant tomber dans la maussaderie et la froideur. Les yeux des adolescentes n'affecteront ni arrogance, ni fausse pruderie ; un perpétuel et agaçant sourire, parce qu'il est la marque de la suffisance ou de l'afféterie, n'errera point sur leurs lèvres. Toute leur physionomie exprimera la grâce, mais une grâce réservée et prudente.

Les mouvements ou les états extérieurs, qu'une fausse psychologie considère comme étrangers à l'âme, sont, au contraire, étroitement unis aux sentiments intimes. L'émotion rayonne à travers l'organisme, elle s'étend et se prolonge jusqu'à la périphérie. Mais, réciproquement et par suite de cette liaison elle-même, les modifications produites aux confins de l'organisme ont leur contre-coup dans les centres plus immédiats de la conscience. Voilà pourquoi la correction, l'élégance, la distinction, la dignité extérieure, préparent et consolident la dignité personnelle et le respect de soi-même.

Au sujet de la tenue et de ses conséquences, il est bon de rappeler un point de méthode sur lequel on ne saurait trop insister. Les résultats obtenus par les maîtresses seront moins en rapport avec leur habileté verbale qu'avec les exemples de simplicité et de bon goût qu'elles sauront donner. Quelle autorité, en cette matière d'habillement et de tenue, pourrait avoir soit un laideron en lunettes, à la mise désuète et aux vêtements de propreté douteuse, soit une tête légère qui se plaît aux fanfreluches et qui suit la mode dans toutes ses extravagances les plus outrancières ?

Les habitudes, alors même qu'elles sont excellentes en soi, ne prennent toute leur valeur que si elles s'appuient sur des maximes qui les expliquent et les légitiment, ainsi que sur des règles qui les confirment et qui les empêchent de succomber à des assauts imprévus. Aussi, à mesure que la jeune fille grandit, il faut placer à côté de l'automatisme et comme ses indispensables auxiliaires, la prudence qui signale les dangers et l'idée du devoir qui oblige à les surmonter

La maxime fondamentale de la prudence est que les secours aussi bien que les dangers se trouvent moins dans les circonstances extérieures que dans la personne elle-même. Voilà la vérité que les maîtresses doivent rappeler en toute occasion et faire pénétrer dans les esprits par des applications incessantes. Les petits incidents de la vie scolaire sont fertiles en applications actuelles, concrètes et d'autant plus frappantes. A une maîtresse, soucieuse de former des esprits judicieux et de fermes caractères, les occasions ne manqueront pas de signaler et de combattre les manifestations de la vanité, de la jalousie, de la colère, de la bouderie, de la vengeance, et de tous ces défauts qui, pour s'exercer sur un théâtre plus restreint et sur des objets de moindre importance, n'en sont pas moins réels et dignes de provoquer de sérieuses réflexions et précautions.

Pour préciser la méthode à employer, prenons un exemple commun, trop commun. Les parents accueillent souvent, avec un sourire encourageant, les racontars de leurs filles, racontars où l'imagination malicieuse a plus de part que la mémoire et l'esprit de justice. Une maîtresse expérimentée se gardera bien de prêter une oreille aussi complaisante à un récit, peut-être spirituel, mais à coup sûr faux. Elle verra dans ce racontage, où un peu de vérité est recouvert de beaucoup de malice plus ou moins consciente, les germes de la médisance, de la calomnie, voire du faux-témoignage. Elle appellera ce prétendu rapport de son vrai nom, une dénonciation. Puis, sans grands effets oratoires, mais cependant avec sérieux, elle montrera à la narratrice, qui se croit amusante et spirituelle, qu'elle est une vraie coupable. Une coupable qui trahit la camaraderie, qui risque de faire verser des larmes imméritées à une amie et qui est menacée de s'attirer des représailles de la part de ses victimes, dont elle provoque si étourdiment l'animosité.

La prudence, qui est la prévision des maux et des avantages futurs, confine à l'habileté calculatrice. A des yeux féminins, elle risquerait ainsi de passer pour une forme de l'égoïsme, si elle ne pouvait et ne devait s'allier au sentiment du devoir ; à l'idée d'une règle obligatoire, règle émanant de la conscience collective qui représente les droits des autres et qui est capable de faire légitimement échec aux goûts, aux tendances égoïstes, ou même au bien personnel envisagé d'une façon étroite.

C'est sur l'idée de cette règle, supérieure aux consciences individuelles encore ignorantes, qu'il convient le plus d'insister. Au lycée, l'imagination réglée par l'expérience est trop imparfaite pour que la jeune fille puisse apprécier avec justesse la valeur d'actes dont elle est incapable de mesurer la portée. Il est beaucoup de choses dont elle ne soupçonne même pas l'existence. Faut-il les lui enseigner dans le détail avec cette crudité d'expression de la physiologie savante qui parle de tout et appelle chaque chose par son nom ?

Le voile d'Isis, qui recouvre les mystères de l'organisation masculine et féminine, ne pourrait, semble-t-il, être levé de bonne heure sans déflorer l'imagination et l'exciter à des curiosités dangereuses.

En supposant qu'à l'âge de la puberté la jeune fille ait besoin d'être avertie, l'Enseignement public n'aurait pas, à notre avis, à intervenir en ces matières. Dans un cours commun à toute une classe, le professeur, s'adressant à un auditoire composé d'ingénues, de curieuses et de renseignées à divers degrés, aurait toujours à craindre de dire trop aux unes et pas assez aux autres. C'est à la mère de famille qu'il appartient de distinguer ce qu'il serait dangereux de cacher plus longtemps à l'ingénue, et ce qu'il n'est pas nécessaire de révéler à la trop curieuse. Au lycée, les devoirs de pudeur et de réserve dans les paroles, les attitudes, les gestes et la conduite, seront affirmés et prescrits avec force, mais sous une forme laissée nécessairement dans le vague. Ils reposeront non sur des explications qui demandent à être ajournées, mais sur l'autorité des maitresses qui sauront inspirer assez de respect pour qu'à l'occasion elles soient crues sur parole. L'habitude de la réflexion, le jugement, l'affinement de l'esprit, la culture générale feront le reste.

Quant à la méthode à suivre dans l'éducation morale des jeunes filles, elle sera la même que celle recommandée pour les collèges et lycées de garçons. Elle comprendra ces quatre parties : 1° *la suggestion des choses et l'exemple* ; 2° *la méthode diffuse* ; 3° *La méthode d'enseignement direct* ou le cours de morale ; 4° *La pratique ou culture de la volonté.*

En résumé, dans l'enseignement secondaire des garçons et des filles, les programmes sont satisfaisants et le personnel est dévoué. Ce qui manque, c'est la coordination des bonnes volontés et l'emploi de méthodes mieux appropriées au but à atteindre.

C'est dans une nouvelle organisation de l'Enseignement supérieur que pourrait se trouver le remède à
ces imperfections.

CHAPITRE PREMIER

DE LA PLACE A ACCORDER A LA MORALE DANS L'ENSEIGNEMENT SUPÉRIEUR

Un des plus beaux éloges qu'on puisse faire de l'Enseignement supérieur, c'est de dire qu'il est vraiment supérieur par la qualité de ses maîtres, et par celle de la science qu'il distribue dans les divers centres académiques et surtout à Paris.

Mais la science si étendue, si profonde, si variée qu'elle soit, ne suffit pas, tant qu'elle se renferme exclusivement dans la sphère spéculative. Cette proposition ne peut guère être contestée, quand il s'agit des élèves de l'Enseignement primaire ou même de l'Enseignement secondaire. Conviendrait-il cependant de faire une exception pour les élèves de l'Enseignement supérieur, comme si les étudiants qui fréquentent les hautes Ecoles et les Facultés, étaient suffisamment munis contre les dangers qui les menacent ? Ce serait bien imprudent. Car les dangers intérieurs et extérieurs sont plus grands (1). Les jeunes étudiants séparés de leurs familles, exempts de toute surveillance, perdus dans le flot de leurs camarades émancipés et gâtés déjà par l'excès de liberté, se trouvent brusquement assaillis par les tentations les plus multiples et les plus séduisantes. D'autre part, ils sentent bouillonner en eux l'effervescence de leurs vingt ans et l'ivresse d'une indépendance récente et tout embellie de sa nouveauté. Comment trouver la force de comprimer la poussée intérieure et de résister aux entraînements du dehors ? L'observation vient à l'appui de ces déductions psychologiques. Elle montre que quelques-uns, beaucoup si l'on veut, traversent à leur honneur cette crise d'émancipation, mais que d'autres aussi, trop nombreux, tombent dans des écarts de conduite, parfois irréparables.

Le bien individuel ne souffre pas seulement de ces fautes. Chose plus grave, la prospérité, la grandeur, la puissance, la noblesse de la Nation, se trouvent menacées, si l'on ne conjure pas ces dangers, en donnant à la morale la place prépondérante qui lui appartient dans l'Enseignement supérieur plus encore que dans les autres. Et, en effet, l'étudiant va, dans les Universités, achever le cours d'études qui doit le rendre propre à exercer plus tard une action dirigeante sur la société. Or, si par ignorance des sciences morales, régulatrices de l'action efficace, il est animé de bonnes intentions, mais qu'il n'aura pas l'habileté de réaliser, il produira des effets d'autant plus déplo-

(1) Le passage de la tutelle du collège à la pleine liberté de l'étudiant a été dangereux en tout temps, mais jamais autant qu'aujourd'hui. LAVISSE, *A propos de nos Écoles.*

rables qu'agissant en toute sûreté de conscience, il s'obstinera plus longtemps dans ses erreurs. Ou bien si c'est le sentiment du devoir qui n'a pas la force de triompher des tendances trop exclusivement personnelles, si la conscience est pervertie dans son fond même, le mal sera encore plus grand. Car, lorsque le sel est corrompu, comment pourrait-il préserver de la putréfaction ?

La place qui revient à la morale dans l'Enseignement supérieur doit donc conserver, ici comme ailleurs sa prépondérance. Mais la réalité est loin de répondre à ce qui nous semble une véritable nécessité pour une démocratie qui serait soucieuse d'arriver à l'unité par l'harmonie entre les esprits et les volontés.

Jusqu'au commencement de ce siècle, la part faite, dans les Facultés, à un enseignement moral nettement tourné vers la pratique, a été presque nulle. Ou du moins, cet enseignement était tellement latent et diffus qu'il ressemblait à ces nébuleuses en formation, visibles seulement aux télescopes les plus puissants. Cependant, cette lacune était peu sentie. La séparation des Églises avec l'État se préparait sans doute, mais le divorce n'était pas officiellement prononcé. Il était donc permis de compter sur l'enseignement religieux pour maintenir dans les esprits le respect des obligations morales.

Aussi, les efforts s'étaient tournés presque exclusivement vers les sciences, les sciences théoriques qui visent à satisfaire notre besoin de connaître et de comprendre. Les professeurs les plus éminents s'étaient portés, avec d'autant plus d'ardeur, à ces recherches qu'ils avaient une foi plus grande dans la science, puissante non seulement sur la matière mais encore, pensaient-ils, sur les esprits. La religion et la métaphysique pouvaient être éliminées sans danger, parce que la science positive pouvait fournir de nouveaux et solides appuis à la moralité.

Ces deux raisons n'existent plus aujourd'hui. La séparation est un fait accompli. Et, par l'espèce de condamnation qu'elle semble impliquer à l'égard des croyances religieuses, elle n'a pas été sans porter atteinte à la moralité qui, pour beaucoup, semble intimement unie à la religion. D'autre part, il est maintenant généralement admis que la science spéculative n'a point par elle-même la portée moralisatrice que Berthelot et d'autres lui attribuaient. Aussi le besoin de fortifier les sciences morales pratiques se faisait de plus en plus vivement sentir dans le public, et l'Université, qui se plaît avec raison à rester en communion d'idées avec le public éclairé sentait ce besoin, et elle s'efforçait, avec le zèle qui la caractérise, de le satisfaire.

De là, une place de plus en plus considérable accordée, dans les diverses Universités, à la morale, à l'éducation, à la pédagogie, à l'ensemble des sciences normatives qui fixent un but et qui prescrivent les moyens les plus sûrs pour l'atteindre. Pour s'en assurer, il suffit d'examiner l'organisation des chaires dans les facultés des lettres. On pourra constater que non seulement la Sorbonne, mais que presque toutes les Universités de province sont pourvues soit d'une chaire consacrée exclusivement aux questions morales, soit du moins d'un enseignement nettement orienté vers la pédagogie et les autres études de morale pratique. Les programmes de philosophie, tels qu'ils sont indiqués depuis plusieurs années dans la *Revue de Métaphysique et de Morale*, prouvent la force et l'étendue de ces nouvelles préoccupations. En 1910, dans le numéro de septembre, on trouve comme se rattachant aux sciences morales appliquées les cours suivants : A Aix-Marseille, les *sciences normatives en philosophie* ; à Bordeaux, la *variabilité des mœurs, ses conditions et ses limites*, et, *histoire et organisation de l'enseignement secondaire* ; à Caen, *la morale et la politique de Platon* ; à Grenoble, *pédagogie : de l'enseignement secondaire* ; à Lille, *instruction et éducation, exercices pratiques en vue de l'inspection primaire, histoire et organisation de l'enseignement secondaire* ; à Lyon, *un cours de pédagogie* ; à Montpellier, des conférences de stage pédagogique sur *l'enseignement de la morale* aux divers degrés ; à Poitiers, un cours de *psychologie et pédagogie* ; à Toulouse, *éducateurs et philosophes du XIXe siècle, l'éducation morale et intellectuelle*, puis encore *Morale et Sociologie* ; et enfin à Paris, *recherches sur l'économie politique et la science de la morale, Sociologie morale, science de l'éducation, Enseignement secondaire en France*. Les années précédentes, les cours de cette nature tiennent également une place importante dans les programmes, et il n'est pas douteux que, si les renseignements étaient plus complets, il faudrait à la liste précédente ajouter de nouveaux cours.

La tendance à s'occuper non seulement de culture intellectuelle, mais aussi de moralité et de pédagogie, est une tendance qu'on ne saurait trop louer, tant elle répond aux nécessités de l'époque. Mais,' si la fin poursuivie est excellente, les moyens employés pour y atteindre sont-ils bien appropriés au but? C'est-à-dire, au bien individuel des étudiants, à la formation d'une élite vraiment digne de ce nom, en particulier à la formation de maîtres capables de répandre, dans les écoles primaires et secondaires, les règles morales que nous avons jugées et proclamées indispensables à notre Démocratie.

Pour répondre à cette question, il faut soumettre la méthode suivie à la critique. Non pas à cette critique hostile qui se plaît au dénigrement, mais à cette critique bienveillante qui signale, comme à regret, les imperfections et qui s'efforce consciencieusement d'indiquer les remèdes propres à les corriger. Dans le sujet qui nous occupe, les remarques peuvent être faites avec d'autant plus de liberté que l'enseignement moral et pédagogique se trouve dans une période préparatoire, une période d'essais où la marche n'est pas encore assurée et où les avis, donnés après réflexion et avec modestie, ont le plus de chance d'être utilement entendus.

CHAPITRE II

MÉTHODE A SUIVRE

Ce qui manque surtout dans l'enseignement secondaire, c'est, avons-nous dit, la coordination des efforts, l'unité de direction, l'accord entre les esprits sur les méthodes pédagogiques et même sur les notions et les règles morales. Or, l'enseignement supérieur, tel qu'il est pratiqué dans les universités, peut-il remédier à ces imperfections?

Ce qui se dégage de l'examen des programmes, dont la liste bien incomplète a été donnée plus haut, c'est la variété des matières que les maîtres se proposent de traiter dans leurs cours. Les professeurs jouissent, en fait, pour le choix de leurs leçons, d'une liberté complète, et, suivant leurs goûts, la pente de leur esprit, la nature de leurs travaux personnels, ils peuvent tout aussi bien choisir, même dans un cours de pédagogie, la morale de Platon, ou, les philosophes et les éducateurs du xix° siècle. Or, la variété dans l'enseignement est peu propre à corriger le défaut d'accord entre les esprits.

Une autre remarque familière à ceux qui ont l'habitude des cours de Facultés c'est que, parmi les pro-

fesseurs, les uns, en petit nombre, exposent leurs
idées sous forme de traité, mais que les autres, en
grande majorité, donnent leur préférence à une exposition historique. Que vaut ce genre d'exposition en
morale?

L'histoire est utile, ou même, peut-on dire, indispensable au savant, dont la fonction propre est de rechercher les causes et les lois des phénomènes, de
quelque nature qu'ils soient. Car, cette recherche ne
peut aboutir qu'à la condition de ne point se renfermer
dans une seule époque, mais d'établir, suivant le ca-
non des méthodes expérimentales, des comparaisons
variées entre les pays et les époques.

Mais l'usage de l'histoire ne doit pas dégénérer en
abus, abus qu'on pourrait appeler l'*historisme* ou
manie d'appliquer l'histoire, là où son emploi peu judicieux serait loin de produire les heureux résultats
que la méthode historique donne ailleurs. L'historisme
est particulièrement funeste en éducation. Aux esprits
qui n'ont pas encore la puissance de saisir d'eux-
mêmes les relations constantes entre les faits, l'histoire
donne l'impression de la mobilité, du perpétuel devenir, de la variation indéfinie de formes qui se succèdent et se remplacent, sans qu'on puisse assigner à
ces formes sans cesse fuyantes des valeurs bien défi-
nies. Le flot mouvant qui emporte les disciplines les
plus assurées, engendre cette sorte de mélancolie qui
faisait dire au vieil Héraclite : πάντα ῥεῖ. Or, cette
tristesse est tout à fait contraire à la foi, à la confiance
si nécessaire à l'homme pour se lancer résolument
dans l'action. L'instabilité dans les institutions tend à
produire une instabilité correspondante dans les es-

prits. Et c'est en éducation qu'il faut le plus de fixité.

Un autre inconvénient de l'histoire, qui ressemble en cela aux voyages, c'est, pour celui qui s'y adonnerait d'une façon trop exclusive, de le rendre comme étranger à son époque et à son pays. Bien des savants n'échappent pas à ce danger. Hypnotisés par leurs études, ils oublient l'état social dans lequel ils vivent, et, par une erreur dont les faits se chargent de faire ressortir la gravité, ils essayent de transporter dans leur pays des institutions étrangères, qui pouvaient convenir à la Grèce, à Rome, à l'Angleterre ou à l'Allemagne, mais qui étaient inconciliables avec l'esprit national.

L'historisme, déjà nuisible aux individus, le parait encore davantage, quand on envisage le corps universitaire dans son ensemble. En éducation, il faut sinon une complète unité, du moins des tendances communes. Or l'accord entre les idées et les tendances n'est guère possible entre des professeurs qui sortent d'universités différentes, qui n'ont pas eu les mêmes maîtres, qui se sont appliqués à l'étude de périodes historiques diverses et qui, cédant soit à la direction donnée soit à leurs dispositions propres, ont pris l'habitude d'interpréter les faits de façon très variable. Par suite de ces diversités, ils seront exposés à faire entre-choquer dans la tête de leurs élèves des admirations inconciliables ou à unir, dans des esprits encore incapables de choisir, l'éloge et le blâme sur un même objet. Mariage impossible.

Ce qui doit prévaloir dans l'enseignement de la morale, ce n'est donc pas l'histoire, qui voit avec une sorte d'indifférence les mœurs se renouveler et qui est satisfaite de les replacer avec exactitude dans le cadre où elles se sont manifestées. C'est la science, la science envisagée sous son double aspect, théorique et pratique.

Quelle méthode suivre dans cet enseignement? En primaire, il fallait procéder par affirmations nettes et s'en tenir aux explications strictement nécessaires pour que la notion morale et le précepte soient bien compris. Dans l'enseignement du second degré, la réflexion de l'élève était provoquée, mais avec mesure encore et sur les questions les moins ouvertes aux contradictions. En somme, jusqu'au seuil des Universités, c'est la méthode dogmatique qui nous a semblé devoir être employée de préférence.

Dans l'enseignement supérieur, la liberté chez les professeurs et chez les élèves peut être plus grande, sans présenter les dangers qui obligeaient à la restreindre ailleurs. L'instituteur a un horizon intellectuel borné, et, par suite d'une instruction incomplète, il tend à devenir sectaire et à se constituer le maladroit défenseur des doctrines politiques, sociales ou morales, dont il n'a pas saisi toute la portée. D'ailleurs, le mal à le laisser exercer son influence sans contrôle serait d'autant plus grand que les enfants des écoles primaires sont, par leur âge et leur ignorance, plus dénués de critique. Dans l'enseignement secondaire ce n'est pas l'instruction qui manque aux professeurs, dont beaucoup sont fort distingués par l'étendue et la précision de leurs connaissances. Mais leur instruction s'enferme souvent dans une spécialité, sans avoir d'ouverture sur les autres sciences et, en particulier,

sur les questions de pédagogie et de morale (1). De là,
l'incohérence des procédés éducatifs dans les établissements universitaires, incohérence signalée en son
lieu et qui menace de jeter le scepticisme dans de
jeunes esprits inhabiles encore à fixer leur choix entre
des tendances diverses, puisque toutes se recommandent d'autorités équivalentes et qu'elles se neutralisent
par leur mutuelle opposition.

Ces divers reproches ne peuvent sans injustice être
adressés à l'Enseignement supérieur.

Les docteurs des universités sont les représentants
les plus autorisés de la science, et, investis, suivant
le mot de M. Liard (2), d'une « fonction nationale »,
ils ont la mission de la répandre. D'autre part, ils
s'adressent à des adultes d'une intelligence plus mûrie,
capables de plus de réflexion et d'effort personnels,
plus habiles, par suite, à apprécier la valeur des idées
et à soumettre la parole des maîtres à une critique
déjà déliée et exigeante.

Cependant, si les maîtres sont plus compétents et les
étudiants moins désarmés, tout danger n'a point complètement disparu dans l'enseignement de ces matières
particulièrement délicates et importantes que sont l'é-
ducation et la morale. Les étudiants qui n'ont pas encore
complètement traversé la crise de la puberté sont à
l'âge où la passion, sous ses formes multiples, possède
la plus grande force de séduction pour incliner l'esprit
vers ce qui lui agrée le plus. Ils sont disposés par là

____

(1) Cet inconvénient tendrait à disparaître par l'application
du projet de réforme proposé plus loin.

(2) La nouvelle Université de Paris, *Revue de Paris*, juin
1908.

à prendre, dans les doctrines qu'on leur expose, non ce qui a les préférences du professeur et, en tout cas, ce que choisirait une intelligence moins partiale, mais ce qui satisfait le plus à leur désir de nouveauté, d'indépendance, d'ambition, de jeu ou de plaisir. Les professeurs qui ont le véritable souci d'accomplir leurs « fonctions nationales », les professeurs qui sont « les agents de l'Etat, responsables devant l'Etat », doivent donc pour faire contrepoids aux tendances personnelles montrer plus de prudence dans l'exposé des doctrines morales, en ne pas insistant sur les points qui pourraient donner naissance à de fausses interprétations et surtout à de mauvaises applications.

On objectera à ces conseils de prudence : n'est-ce pas, sous une forme détournée, instaurer une sorte d'enseignement d'Etat et entraver la liberté des maîtres ? La moralité exige de la réserve, et la science réclame une pleine liberté. N'y a-t-il pas là une sorte d'antimonie, un conflit entre deux tendances également respectables ?

Le problème existe. Comment le résoudre ?

Voici, semble-t-il, de quelle façon pourraient se concilier le besoin de liberté nécessaire au progrès de la science, et les exigences de l'éducation morale que réclame la prudence. « La nouvelle Université est, dit M. Liard (1), fille de la science, » et elle doit être aussi créatrice de science. Mais la science ne progresse que par la liberté dans les recherches. Aucun pouvoir extra-scientifique ne saurait avoir la prétention de

(1) La nouvelle Université de Paris, *Revue de Paris*, juin 1908.

tracer aux savants la marche qu'ils ont à suivre pour arriver à leur double but qui est de connaître la réalité et de la maîtriser. Par conséquent, et, comme la lumière ne doit pas rester sous le boisseau, liberté également absolue du professeur dans l'exposition de ses idées par le livre, par la revue, par le journal, toutes les fois qu'il s'adresse au grand public ; liberté aussi de la parole, dans des réunions publiques ou privées, toutes les fois qu'il ne parle pas du haut de sa chaire, avec le caractère officiel que lui confère sa fonction. Dans tous ces cas, il use de ses droits de citoyen, et il en use d'autant plus légitimement qu'il est un citoyen plus éclairé et plus capable d'émettre des vues nouvelles et justes.

Mais dans l'enseignement, les nouveautés qui n'ont pas encore reçu la consécration du temps ne sont pas à leur place. Ces nouveautés, qui ont séduit leurs inventeurs par un charme auquel l'amour-propre n'est pas toujours étranger, ne sont souvent que des apparences de vérité, des idées aventureuses et téméraires qui ont un jour de vogue, mais, sans lendemain. Il faut à la jeunesse des certitudes. Car qui dit enseignement dit par là transmission de vérités et non communication de doute et d'une agitation de l'esprit qui cherche, sans l'avoir encore trouvé, le point solide où il pourra se fixer.

On réplique. L'étudiant doit se familiariser avec l'étude de problèmes réels : il doit chercher, au milieu des difficultés, les moyens d'arriver au résultat. — C'est vrai. Rien n'est plus profitable que de montrer, par des exemples empruntés au passé, comment des savants, aux prises avec un problème précis, sont arrivés, par des tentatives quelquefois maladroites, d'autres fois plus heureuses, à trouver la solution. Il est sans doute d'une haute utilité de favoriser chez les étudiants des travaux analogues, mais à une condition essentielle, c'est que le professeur qui a proposé le problème, sera en possession de la solution et, par suite, qu'il sera capable de guider le travail de l'étudiant, de rectifier ses écarts, de le libérer de ses incertitudes et de le laisser sur l'impression finale d'une vérité évidente.

Ces réflexions s'appliquent à toutes les sciences. Mais en morale, l'obligation de s'en tenir le plus possible aux certitudes est encore plus rigoureuse, parce que toute incertitude dans les idées tend à se traduire dans la conduite par une instabilité correspondante. Que, dans les matières de morale et d'éducation, le professeur chargé de cet enseignement, se fasse donc une règle d'appuyer sur cet ensemble considérable de vérités que reconnaît comme telles la conscience collective, plutôt que de mettre en relief le nombre sans cesse plus restreint des choses douteuses ! Une exception toutefois pourrait être faite en faveur des futurs professeurs de philosophie, de ces spécialistes des sciences morales qui, chargés de poursuivre à leur tour ces études, ne doivent rester étrangers à aucun des problèmes qu'elles posent. Le péril, du reste, serait pour eux moins grand. Car, en appliquant à la morale ce qui l'a été à Dieu, on pourrait dire : Si peu de science éloigne de la morale, beaucoup de science y ramène.

Quant aux vérités fondamentales, elles seraient enseignées à tous les étudiants, quel que soit l'ordre d'études auquel ils se rattachent. C'est dans un sens analogue que M. Lavisse dit dans l'Avant-propos de ses *Questions d'enseignement national* : « Si les Facultés des Lettres prétendent avec raison distribuer la culture générale, cette culture générale n'est-elle pas nécessaire à tous les jeunes gens qui se destinent aux professions publiques ou aux carrières libérales ? »

CHAPITRE III

PROJET D'UN COURS DE MORALE

Un cours commun aurait le grand avantage de servir de lien entre tous les étudiants. Il réaliserait vraiment le but qu'on s'est proposé dans la création des Universités : former une sorte de « confédération du travail » (1).

Pour ne pas nous en tenir à de vagues indications, mais pour aborder les questions pratiques avec précision et loyauté, voici, sous forme de programme, le but vers lequel les professeurs de morale sociale devraient s'efforcer d'orienter les activités diverses.

A. — Le bien et la solidarité.

Le premier point est de fixer le *bien* et de faire ressortir la *solidarité* qui existe dans le bien comme dans le mal pour tous les membres d'une société :

1° *Rapports entre l'individu et le groupe* auquel il appartient par son genre d'activité, ou, d'un mot, par sa fonction. L'individu ne peut guère se développer sans le groupe.

(1) Le mot est de M. Liard.

2° *Esprit de groupe*, ce qu'il doit être au point de vue de développement des individus. Il ne doit pas être tyrannique, mais résulter de l'accord des volontés. Ce qui fait sa force, c'est la culture des vertus professionnelles, le respect des institutions et des traditions ; respect qui donnerait de la stabilité, sans toutefois imposer des cadres dont la rigidité excessive empêcherait les progrès de se réaliser.

3° *Coordination des groupes.* -- La prospérité d'un groupe ne peut être obtenue indépendamment de celle de tous les autres. D'où nécessité de coordonner les groupes de façon à réaliser *l'ordre social*. Ce résultat ne peut être obtenu que par la justice, c'est-à-dire, par l'établissement et la reconnaissance des droits et des devoirs respectifs.

4° *L'État est le groupe dominant.* — Il a pour rôle essentiel de maintenir l'ordre social. Subordonné à la société, il doit être l'interprète et le serviteur du bien général. D'où importance de la *moralité* chez les gouvernants.

5° *La société est l'ensemble de tous les groupes.* — C'est une grande personnalité morale qui a vécu dans le passé, qui vivra dans l'avenir. Tout doit être subordonné au bien social, parce que ce bien enveloppe tous les autres.

B. — Éléments essentiels du bien social.

Faire ressortir à ce sujet la part qui revient aux différents groupes sociaux. Ce sera la meilleure façon de faire sentir à chaque groupe les liens qui l'attachent aux autres.

1° *Vivre*. — Le premier besoin d'une société, qui se compose de vivants, c'est d'acquérir les ressources matérielles nécessaires à l'entretien de la vie de tous. Cela se fait par le travail dans ces trois branches : *agriculture, industrie, commerce*. Le travail est rendu plus fructueux par la science et par la division, ou mieux, par l'organisation du travail. Les richesses s'accroissent et se conservent sous la forme de capitaux, par l'économie, qui a pour principale condition la tempérance.

2° *Conserver la santé et la vigueur corporelle*. — Le rôle des *médecins* est de lutter contre les maladies. L'État doit veiller à l'hygiène par des prescriptions légales et écarter toutes les causes qui pourraient porter atteinte à l'intégrité de la race. Les particuliers doivent avoir des soucis analogues, et ils doivent, pour eux-mêmes comme pour la société, se soumettre aux règles d'une sage hygiène.

3° *Vivre dans la justice*. — Accorder à chaque groupe non seulement ce qui lui est dû en rémunération matérielle, mais aussi en considération, cette considération étant mesurée sur les services rendus à la collectivité. Protéger les particuliers contre la fraude, la diffamation et la violence. Cette tâche incombe plus particulièrement aux *magistrats* aux *juges* et aux *hommes de loi*.

4° *Vivre dans la sécurité à l'égard de l'Étranger*. — Entretenir de bonnes relations internationales en pratiquant cette règle de la justice, règle fondamentale du droit des Gens : traiter les autres nations, comme on voudrait que la nôtre fût traitée par elles. Ce qui est l'affaire surtout des *ministres*, des *sénateurs*, des *députés*, des *diplomates*, des *journalistes*, des *écrivains politiques*.

5° *Vivre dans le bonheur*. — Un degré de plus est de donner à la vie sociale plus d'expansion et de noblesse. On y atteint par la littérature, la poésie, les beaux-arts ; par le développement et la diffusion des plaisirs délicats et affinés.

6° *Conserver et développer les progrès scientifiques*. — C'est l'œuvre propre des *savants* dont les travaux ont toujours été considérés, et avec raison, comme un des facteurs les plus importants du bien social.

7° *Vivre honnêtement*. — C'est le degré supérieur que les autres préparent et favorisent. La vie honnête est l'indice le plus sûr de la santé du corps social, et, en même temps, elle en est la condition, parce que, sans moralité, tous les autres biens sont compromis et menacés. C'est *aux savants dans les sciences de l'homme* qu'il convient d'établir et de répandre dans le public que l'honnêteté a pour conditions essentielles la puissance de l'intelligence et la force de la volonté. L'intelligence montre que les biens ne vont pas sans les devoirs La force de la volonté triomphe des désirs aveugles.

C. — Devoirs sociaux.

1° *Devoir économique*. — *Loyauté* dans les transactions et les contrats. *Pas de fraude*, quelle que soit la forme sous laquelle elle se dissimule. *Pas de ce genre d'exploitation* où le capitaliste abuse de son pouvoir économique pour imposer à des malheureux des contrats de travail trop onéreux. Montrer dans sa profession une *initiative intelligente.*

2° *Devoir de défense nationale.* — Chacun doit contribuer à la défense nationale dans la mesure de ses forces. Courage et dévouement chez tous. Discipline chez les inférieurs, art de commander chez les chefs.

3° *Devoir des puissances intellectuelles.* — Amour du vrai, du beau et du bien, ce dernier devant être dominateur. Par suite, éviter l'orgueil, la cupidité, la bassesse et toutes les autres passions égoïstes qui sont inconciliables avec le bien social. Rapports réciproques des écrivains et du public : donc, que tous aient un vif sentiment de leur responsabilité.

4° *Devoir de l'État ou des gouvernants.* — L'ambition égoïste leur est défendue. Ils doivent montrer une activité intelligente dirigée vers le bien général dont ils ont la garde. Au besoin, ils doivent se dévouer à la chose publique. C'est là le risque professionnel qu'ils ont à courir (1).

Remarquons en passant que ces questions de morale sociale ne peuvent être traitées avec toute leur ampleur et avec tous leurs fruits que dans les Universités. Dans les lycées, les élèves n'ont pas la maturité voulue. Restés encore en tutelle, ils n'ont pas pris contact avec la réalité sociale et ils sont, par suite, moins capables de sentir la justesse des aperçus qu'on leur présente. Les étudiants sont plus âgés, et, comme ils ont déjà fait choix d'une profession et sont tout prêts à déployer leur activité dans la vie réelle, ils seraient disposés à écouter avec plus d'attention, à mieux com-

(1) Voir *La conscience collective et la morale* page 84.

prendre, et à fixer plus soigneusement, dans leur mémoire, des conseils et des préceptes qui doivent recevoir une application prochaine ou même actuelle.

A côté de ce cours commun, il y aurait avantage,
semble-t-il, à créer des cours spéciaux de morale pour
les différentes catégories d'étudiants. Car, suivant une
remarque fort juste de M. Lavisse, « l'Education n'est
pas une chose en soi, identique à elle-même toujours,
et les pédagogues abstraits et théoriques qui légifèrent
pour des âmes idéales, lesquelles ne se rencontrent
jamais nulle part, sont de beaux mais inutiles personnages » (1). Un des principes fondamentaux de la méthode, quel que soit l'objet auquel elle s'applique, est,
au contraire, d'adapter les procédés au but défini
qu'on se propose d'atteindre. Or, les étudiants sont
appelés à tenir dans la Société des rôles différents.
Par conséquent, il faut que, dès l'Université, ils soient
préparés par une direction particulière à exercer leur
fonction avec prudence. Certes, l'expérience, par les
dures leçons qu'elle inflige, apprend aux conducteurs
d'hommes à éviter, pour l'avenir, les écueils où leur
autorité a été compromise et où les intérêts matériels
et moraux, dont ils avaient la défense, ont menacé de
sombrer. Mais faut-il attendre que le mal soit accompli pour chercher péniblement à le réparer ? C'est,
nous le savons, la doctrine spencérienne du « laissez
faire ». Mais l'application n'en est bonne ni pour les
enfants, ni pour les adultes. L'apprentissage a tou.
jours son utilité. Et il devient d'autant plus nécessaire
que les intérêts en jeu ne sont point purement indivi-

(1) *A propos de nos écoles*, p. 70.

duels, mais qu'ils s'étendent à un plus grand nombre de personnes. Or, c'est le cas des élèves admis dans les grandes Ecoles de l'Etat, et des étudiants qui suivent les cours des Universités. Leurs responsabilités futures sont plus graves. Donc, l'éducation doit leur être donnée, à l'avance, avec plus de soin et de précision.

Dans ces cours spéciaux, des maîtres d'un grand savoir et mûris d'ailleurs par l'expérience, viendraient enseigner les vertus particulièrement propres à chaque profession. Ils indiqueraient, comme on le fait pour les navigateurs, les écueils que chacun dans sa fonction est plus exposé à heurter, et ils insisteraient avec force sur les précautions à prendre pour éviter ces pierres d'achoppement, causes de ruine pour un si grand nombre de leurs devanciers.

L'Ecole des Hautes Etudes Sociales est entrée nettement dans cette voie. Elle a créé quatre sections intitulées : 1° Ecole de morale, de philosophie et de pédagogie ; 2° Ecole sociale ; 3° Ecole d'Art ; 4° Ecole de journalisme et de préparation à la vie publique. Dans chacune de ces sections, les questions sont traitées avec précision et avec le souci manifeste de donner des indications utiles à la pratique. Ainsi, dans le programme des cours de 1910, on peut relever, comme indices certains de tendances pratiques, dans les sciences morales traitées jusqu'alors d'une façon trop théorique, les titres suivants : Le candidat, le représentant et ses électeurs, le représentant à l'assemblée, l'homme d'Etat, l'administrateur...

Cette initiative mérite non pas seulement d'être louée, mais d'être imitée et généralisée. En morale,

quel parti n'y aurait-il pas à tirer d'un enseignement
spécialisé? Un enseignement où le maître, éclairé par
l'histoire et par son expérience personnelle, conce-
vrait non pas une sorte d'idéal vaporeux, mais un
type précis, aux contours bien définis, le *type professionnel*, dont la réalité a fourni les principaux traits
et qui, avec quelques légères retouches, pourrait servir de modèle. Car c'est par là que la morale se distingue de l'histoire. Celle-ci ne doit être que la représentation du réel, tandis que la morale vise au mieux
et que, pour exciter à le réaliser, elle doit d'abord en
proposer le modèle. Le maître ferait ensuite appel à
ses connaissances psychologiques et, renversant
l'ordre suivi par la science, qui est de partir des effets
pour arriver au moyen de l'analyse à découvrir les
causes, il s'attacherait à montrer les conséquences
des actes et à indiquer, par la synthèse, la combinai-
son de causes propres à produire un effet déterminé,
c'est-à-dire, la réalisation du type professionnel, pris
comme modèle. Car « de même que les sciences posi-
« tives ont leurs applications dans l'industrie, les
« sciences morales ont leur application dans la vie na-
« tionale. » (1)

Ainsi, dans les écoles de guerre, à Saint-Cyr et à
Polytechnique, on indiquerait aux élèves les qualités
distinctives de l'officier et on leur apprendrait de quelle
façon elles peuvent être acquises et entretenues. —
Dans les écoles d'agriculture, de commerce et d'industrie, le professeur montrerait les rapports de la morale

(1) Questions d'enseignement national. *Avant-propos*
XXIV.

et de l'économie politique. Il n'aurait sans doute pas
de peine à prouver que les qualités morales sont les
conditions les plus sûres du succès personnel et surtout de la prospérité publique. N'est-ce point, par
exemple, pourrait-il dire en pénétrant dans le vif des
questions, la loyauté dans la vente qui a fait le succès
prodigieux des grands magasins du Bon Marché, du
Louvre et de tant d'autres établissements similaires ?
— A l'Ecole de Droit, les rapports entre la morale et la
justice sont tellement étroits que souvent ils se con-
fondent. Mais, en dehors de ces relations générales et
forcément un peu vagues, n'y aurait-il pas lieu d'indiquer à quelles conditions morales s'acquièrent l'autorité du magistrat, la confiance des officiers ministé-
riels, le prestige et jusqu'à l'éloquence des avocats et
des hommes politiques? *Orator, vir bonus dicendi peri-
tus* disait l'adage latin, et Phocion prouvait, par son
exemple, que la probité incorruptible était « la hache »
capable de mettre en pièces les discours construits avec
la plus habile rhétorique. Il serait bon de montrer que
cela est éternellement vrai, et de le montrer aux jeunes
arrivistes portés à avoir trop de confiance dans les
finesses oratoires et autres habiletés. — La morale serait loin aussi d'être déplacée à l'Ecole des beaux-arts.
Certes, il ne s'agit pas de prescrire aux artistes de faire de
la prédication par l'image peinte ou sculptée. Mais il ne
serait sans doute pas inutile de leur rappeler que, s'ils
visent à faire de l'art autre chose qu'une simple industrie, s'ils aspirent à exercer une influence sociale bienfaisante, ils ne doivent point, par amour de l'argent
et d'une notoriété passagère, s'asservir aux goûts inférieurs du public, mais s'efforcer plutôt de montrer

que leur art peut être évocateur de beaux sentiments et de grandes pensées. — Il en serait de même pour les sciences, et particulièrement pour cet art de la médecine, dont les anciens rapportaient l'origine à un Dieu. Pour que cet art se montre digne de cette haute origine, il y a non seulement des connaissances scientifiques à acquérir, mais tout un ensemble de qualités morales, sans lesquelles la science serait vaine quand elle ne servirait pas à des fins délictueuses ou criminelles. Le médecin a besoin surtout d'inspirer la confiance à son malade, parce que la confiance est le plus sûr agent de la guérison. Mais ce qui engendre la confiance, c'est l'accomplissement des devoirs professionnels, la dignité de vie, le respect de soi-même et des autres, le souci de la considération. A notre époque où de jeunes étudiants s'oublient au point de lancer des tomates à la figure de leurs maîtres, il ne serait pas superflu qu'un professeur de morale vint leur rappeler que c'est là une mauvaise préparation à l'acquisition des vertus professionnelles.

Mais c'est surtout dans les Facultés de Lettres, où se forment les futurs professeurs de l'enseignement secondaire, c'est dans ces Facultés que serait à sa place un cours de morale bien approprié à la fonction éducatrice, puisque cette fonction est réservée au plus grand nombre des étudiants. Et pourtant jusqu'en 1895, époque de la publication de *A propos de nos Ecoles*, M. Lavisse, déplorant cette lacune, pouvait dire (1) : « Peut-être les Agrégés n'ont jamais étudié ni discuté une question de méthode, jamais peut-être,

____

(1) P. 67.

—vous entendez, jamais n'ont entendu « parler d'éducation ».

Mais ne l'oublions pas. Les procédés de méthode les plus ingénieux restent sans efficacité, si le maitre, muni d'excellents préceptes, dément par sa conduite les conseils qu'il exprime en paroles. La qualité de l'enseignement moral dépend surtout de la valeur de celui qui le donne. Et, en effet, la morale ne s'adresse pas seulement à l'intelligence, mais, pour avoir toute sa force agissante, elle doit aussi intéresser le cœur et aller, jusque dans l'intimité de la subconscience, solliciter les fibres les plus secrètes de la sensibilité. Or, il faut pour cela qu'une sorte de courant sympathique s'établisse et que l'énergie morale, qui a sa source dans le maitre, circule à travers toute la classe et anime toutes les volontés. Ce serait, au contraire, s'exposer à de graves mécomptes de croire que la la parole peut suffire, alors qu'elle est réduite à un pur phénomène extérieur, sans relation réelle avec les dispositions de la conscience, dispositions, d'ailleurs, qui ne restent pas secrètes, malgré l'habileté dépensée à les dissimuler. La communication d'être à être est nécessaire.

Il en résulte que dans l'enseignement pédagogique, tel qu'il doit être pratiqué dans les Universités, ce qui importe, c'est moins l'érudition historique que la connaissance approfondie de la bonne méthode, celle qui est capable de *former les éducateurs*.

Voilà l'essentiel (1). Aussi, c'est vers ce but qu'il

(1) La première chose que le bon sens indique qu'il faudrait faire, c'est de former des éducateurs. Lavisse, *A propos de nos Ecoles.*

faut orienter ses efforts, en recourant non à l'enseignement historique, qui affaiblit plutôt les ressorts de la moralité, mais en employant nettement la méthode dogmatique, qui essaye d'accumuler le plus de vérités possible pour produire la plus grande somme d'effets bienfaisants.

La prudence exigerait peut-être qu'on s'en tînt à ces indications générales qui, par leur généralité même, prêtent moins le flanc à la critique. Mais le souci d'être utile en soumettant nos idées à un contrôle plus précis, nous oblige à tracer les lignes essentielles de cette méthode. Voici, en bref, ces linéaments.

Le but est de former l'éducateur. Or, que doit être le véritable éducateur ? D'abord un maître qui commande et qui sait se faire obéir. Par une régression semblable à l'analyse géométrique, on est amené à poser cette nouvelle question : Que faut-il pour être obéi ? Ce qui revient à chercher l'ensemble des conditions nécessaires au maître pour obtenir l'obéissance. La première condition est d'éviter l'*arbitraire* dans sa législation morale. Le maître doit subordonner ses goûts et ses préférences personnelles aux vérités expressément reconnues, proclamées et prescrites par la conscience collective. Ce n'est pas à la volonté propre et souvent intéressée de l'individu en tant qu'individu que l'élève doit se soumettre, mais à la morale, à une règle jugée bonne et dont le maître n'est que l'interprète.

Une seconde condition est d'éviter *le caprice* dans l'application des règles morales. Car se serait discréditer leur autorité que de les plier aux fantaisies d'une sensibilité trop vive ou d'une irritabilité trop prompte.

Pour obtenir une obéissance volontaire et non une soumission d'esclave, il faut s'habituer soi-même à suivre la règle et à la respecter (1). Il faut être maître de soi, c'est-à-dire, rendre dominantes en sa conscience, les idées du bien et du devoir. C'est par l'idée du bien que l'éducateur aura foi dans son rôle, qu'il aura le sentiment de la grandeur et de la dignité attachées à sa fonction et qu'il sentira plus fortement les responsabilités qui résultent de sa mission éducatrice.

L'éducateur est aussi un maître qui enseigne. Il annonce une vérité plus haute que lui, et il a foi en elle, car, sans conviction sincère, il n'y a pas de résultat à attendre. Cette foi en une vérité supérieure écarte l'orgueil et la présomption. Elle empêche de croire que des études, poursuivies seulement pendant quelques années, permettront d'en savoir plus que les sages de tous les temps. Ce sentiment de faiblesse individuelle engendre un sage respect de l'autorité, sans lequel il n'y a qu'anarchisme moral et scepticisme. Des idées anologues sont exprimées avec beaucoup de force par M. Boutroux dans le passage suivant : « Nous parlons au nom de la Société dont nous faisons partie, nous servons notre pays qui, lui-même, sert l'humanité. Nous ne nous jugeons donc nulle-

(1) Des questions essentiellement pratiques pourraient être traitées à ce sujet, par exemple celles indiquées par le Dr F. W. Forster dans la *Bibliothèque du Congrès international de philosophie*. Morale générale, p. 410 (A. Colin) : « Qu'est-ce qui peut nous aider à nous maîtriser nous-mêmes ? Quand tombons-nous en danger de n'être plus maîtres de nous ? Comment et par quelles pensées pouvons-nous prévenir ce danger ? Comment pouvons-nous faciliter à autrui la maîtrise de soi ? Comment s'y prendre avec les nerveux, les colériques, les gens impressionnables ?.. ».

ment diminués dans notre dignité et notre indépendance en prenant pour guides les idées qui, d'une manière générale, régnent dans la communauté dont nous sommes membres, sont les conditions de son existence, de sa personnalité, de son rôle dans le monde... Représentants de l'Etat, nous sommes élevés au-dessus de nous-mêmes, nous parlons pour tous, au nom de tous ; nous regagnons ainsi, en sécurité de conscience, en puissance d'action effective et bienfaisante, ce que nous semblons perdre en liberté d'appréciation individuelle » (1).

Le respect de l'autorité ne doit pas être cependant servile et empêcher toute liberté de penser. Dans les deux premiers ordres d'enseignement, la liberté d'exprimer en morale des idées personnelles en opposition avec celles admises par la conscience collective d'une époque et d'un pays, cette liberté demande à être limitée avec beaucoup de prudence. L'instituteur est chargé par l'Etat d'une mission qu'il doit remplir avec exactitude. Si ses convictions sont absolument inconciliables avec l'enseignement qu'il s'est engagé tacitement à donner ; s'il veut à tout prix user partout, et même à l'école, d'une pleine indépendance, il n'a qu'à quitter sa fonction. Dans les lycées et collèges, les programmes, surtout dans les classes supérieures, n'ont pas la même rigueur. Le professeur a, par suite, plus de latitude. Mais c'est pour lui une obligation morale de ne pas en abuser et de respecter, sinon dans la lettre, du moins dans leur esprit, les indications essentielles des programmes.

(1) *Revue pédagogique*, août 1908, p. 117.

En dehors de l'école, les éducateurs primaires et secondaires ont plus d'indépendance dans le choix et l'expression de leurs opinions politiques ou religieuses à une condition toutefois, c'est qu'ils ne manifestent pas trop bruyamment des doctrines en pleine opposition avec celles qu'ils ont charge d'enseigner. Ainsi, quel professeur de morale et de patriotisme pourrait être un hervéiste recommandant de souiller le drapeau, ou prêchant « la chasse aux renards » et les sabotages criminels !

CHAPITRE IV

RÉSULTATS

Une des réformes les plus heureuses du haut enseignement est d'avoir transformé les Facultés diverses, qui vivaient d'une vie indépendante et qui s'ignoraient, en une fédération de Facultés, groupées en Universités et capables ainsi de concerter leurs efforts. Mais le moyen de donner de l'unité à cette réunion d'enseignements divers, c'est de les relier par une tendance commune ou, du moins, par une idée dominante. Or, aucune ne paraît mieux répondre à ce but que l'idée de la *suprématie de la morale*.

Autrefois, la théologie était dominante, et il n'est pas douteux qu'au moyen âge, où la violence du militarisme féodal était menaçante, la théologie n'ait été la sauvegarde des travaux intellectuels. Mais les dogmes présentaient une rigidité qui s'opposa aux progrès de la science. D'où nécessité d'une transformation. Avec la Renaissance s'ouvrit une période, où la science réclamant ses droits à l'indépendance prit une prépondérance progressive. Mais, à son tour, le temps semble venu, où la science réduite à elle-même ne répond pas, comme on l'avait espéré, à tous les besoins de la nature humaine : aux besoins du cœur et aux exigences d'une volonté qui erre sans but précis et qui réclame impérieusement un guide. La prépondérance doit donc passer aux sciences morales, et plus spécialement à celle qui a prêté son nom au groupe tout entier. La morale, qui essaye de développer dans l'homme l'humanité, deviendrait ainsi l'âme qui circulerait, dans chaque université, à travers tous les enseignements et qui leur donnerait la cohésion et la vie.

Cette place centrale accordée à la morale aurait encore l'avantage très appréciable de justifier l'existence des Facultés des Lettres et de peupler leurs amphithéâtres d'étudiants sérieux.

Les Facultés des Lettres, visant à un but d'une utilité peu définie, sont exposées à passer pour des végétations parasitaires, si elles ne viennent à prouver d'une façon plus manifeste qu'elles accomplissent une fonction essentielle dans notre régime démocratique. M. Seignobos, dans son opuscule *Le Régime de l'Enseignement supérieur des Lettres*, a posé le problème, et il l'a résolu d'une façon fort juste : « On ne peut guère espérer, dit-il (1), qu'une société démocratique entretiendrait, par esprit de tradition, un système d'écoles supérieures qui ne paraîtrait servir à rien. C'est donc une question vitale pour l'avenir de nos établissements de découvrir à quoi peuvent servir l'étude et l'enseignement des sciences de l'homme ».

A la question ainsi posée, il répond : « Ces sciences sont la préparation à toutes les carrières où l'on agit surtout par des moyens psychologiques, par la pa-

(1) P. 8.

role ou la plume. Toute société civilisée est intéressée à avoir des directeurs d'hommes et des *éducateurs*, instruits à comprendre les hommes et à se faire comprendre d'eux. Une société démocratique, libérale et rationnelle en a besoin plus que tout autre... Aux hommes qui ont à guider des citoyens d'aujourd'hui, il faut avoir pris une conscience claire des instincts, des passions, des préjugés, des routines de l'humanité, pour pouvoir méthodiquement s'en affranchir eux-mêmes et en préserver les autres ». La démonstration de M. Seignobos s'applique aux lettres tout entières, et *a fortiori* à la morale.

Puisque tous les futurs professeurs de l'enseignement secondaire seraient astreints à suivre les cours de morale au moins pendant une année, les Professeurs des Facultés de Province, même des Facultés les plus déshéritées au point de vue du nombre des étudiants, seraient assurés d'avoir un auditoire intéressant. Nul doute alors qu'une réciprocité d'influence ne s'exerçât entre les maîtres et les auditeurs. Le nombre et la qualité des étudiants stimuleraient le zèle des professeurs qui seraient tenus en haleine par l'attention de jeunes gens instruits, d'intelligence déjà exigeante et facilement tournée à la critique. « C'est bien de dominer le sujet d'une leçon, dit (1) M. Lavisse, le sujet de tout un cours, mais dominer un groupe de jeunes intelligences, acquérir et entretenir en soi les qualités intellectuelles et morales, je dirai hardiment, la science et la vertu nécessaires pour devenir et demeurer un véritable maître, c'est mieux. »

(1) *Questions d'Enseignement national*, VIII.

Sûrs d'avoir un auditoire sérieux et capable de suivre un raisonnement un peu abstrait, les professeurs seraient moins tentés de plaire à cette partie du public qui se distingue plus par l'ampleur des chapeaux (1) que par celle des idées. D'autre part, les étudiants prendraient goût à un enseignement dont ils sentiraient mieux chaque jour la valeur, parce qu'il ne consisterait plus, comme autrefois, en une rhétorique creuse ou en pointes ingénieuses, ni peut-être, comme maintenant, en excès d'érudition, mais parce qu'il serait positif dans la détermination de son objet et dans la découverte des procédés de méthode appropriés à la réalisation du but fixé.

Plus tard, les étudiants, devenus à leur tour éducateurs, arriveraient, pour avoir participé à une direction semblable, à se mettre plus facilement d'accord dans chaque établissement. Et, comme la morale tendrait à prendre dans toutes les Universités un caractère sans cesse croissant de positivité ou de certitude, l'accord se généraliserait et finirait par s'étendre à tous les établissements publics. Elle fournirait alors, ce qui manque à l'enseignement secondaire, « la forte « pensée organisatrice qui entraîne avec elle toutes « les énergies, rallie tous les efforts, réprime toutes les « résistances, retienne ceux qui vont trop loin, ex- « cite ceux qui traînent, ramène ceux qui s'écartent, « enfin imprime à l'enseignement tout entier une di- « rection régulière et forte (2) ».

Il ne serait même pas impossible de faire participer

---

(1) Mode féminine de 1910.

(2) VIAL (Francisque), *L'Enseignement secondaire et la Démocratie*. A Colin, 24.

l'Enseignement primaire à la culture pédagogique et morale des Universités. Ce ne serait pas, il est vrai, d'une façon directe, en appelant aux cours des Facultés les élèves des Ecoles normales d'instituteurs parce que ces élèves, mal préparés à un enseignement supérieur, risqueraient par leur présence d'en abaisser le niveau. Mais les professeurs des écoles normales et les inspecteurs primaires seraient astreints, avant d'obtenir leurs diplômes, à passer, eux aussi, une année à l'Université. Par cette communication avec les maîtres de l'Enseignement supérieur, ils deviendraient eux-mêmes des maîtres plus compétents, en même temps que leurs relations avec les étudiants dissiperaient les quelques malentendus qui s'opposent à une entente complète entre les trois ordres d'Enseignement, entente si désirable.

En résumé, la réforme proposée infuserait une vie nouvelle aux Facultés des Lettres, surtout dans les Universités de Province; elle assurerait l'organisation de l'enseignement moral dans les lycées et les collèges, et enfin elle contribuerait à donner plus de cohésion et d'unité morale à la Nation.

Dans sa quatrième règle de Méthode, Descartes recommande de « faire partout des dénombrements si entiers et des revues si générales qu'on soit assuré de ne rien omettre ». Cette sage précaution, utile partout, est particulièrement de mise dans un long travail. Une revue synthétique fixera, en effet, comme sur une carte, les principaux points de notre étude; elle rappellera dans ce qu'ils ont d'essentiel, nos principes, notre but, nos procédés de méthode, et elle en permettra ainsi une brève justification, ou du moins elle facilitera l'appréciation de leur valeur.

La morale est une *science théorique*, parce qu'elle est capable de déterminer son objet et de le connaître avec une suffisante exactitude. Elle est aussi et surtout une *science pratique*, parce qu'elle propose un bien à réaliser, qu'elle en indique les moyens et qu'elle leur imprime même un caractère d'*obligation*, à cause de la supériorité de ce bien sur tous les autres. C'est ce qui fait précisément *la valeur* de la morale et lui donne un rôle si important dans toute société civilisée. De là, la *place prépondérante* qui doit lui être attribuée aux divers degrés de l'Enseignement public.

Les programmes de l'Enseignement primaire et secondaire témoignent des préoccupations des pouvoirs publics à ce sujet. La place accordée à la morale est suffisante, mais les méthodes suivies ont de graves défectuosités. Les imperfections tiennent moins au zèle des maîtres et des professeurs qu'à leur *défaut d'instruction pédagogique* et au manque d'organisation de l'enseignement moral. Pour y remédier, il y a une *réforme* essentielle à réaliser dans l'Enseignement supérieur. L'érudition et la science théorique y dominent trop. Ce qui doit être le point de *convergence des études, c'est la morale* qui, semblable à la loupe réunira tous les rayons de la science en un foyer de lumière et de chaleur.

Une Démocratie a, autant et plus que tout autre régime, besoin d'une élite. « C'est une élite que nous avons l'ambition de former. Les élites ne représentent pas seulement l'honneur d'une société, elles en font la force (1). » Et, en effet, comme une élite se caractérise par l'intelligence et la moralité, c'est par cette union des forces intellectuelles et morales que les progrès véritables ont chance d'être réalisés ; que, dans une société, il y a plus de richesse, plus de vie, plus de puissance, plus de bonheur et plus de noblesse. Car, suivant la belle parole de M. Léon Bourgeois que nous avons prise pour devise et qui peut aussi servir de conclusion. « Le bien ne peut être réalisé que par le vrai, mais le vrai n'a de prix que pour la réalisation du bien. »

(1) GRÉARD, *Enseignement secondaire*, II, 253.

TABLE DES MATIÈRES

—

2° SECTION. — **La morale dans l'enseignement du second degré.**

Introduction. — Les diverses formes d'enseignement pour les élèves de 13 à 18 ans. 1° Enseignement spé-

SAINT-AMAND (CHER). — IMPRIMERIE BUSSIÈRE.

9 782014 091625